TOEIC® L&R TEST
速読特急
正解のサイン

テッド寺倉

JN049861

朝日新聞出版

編集協力 ——— 渡邊真理子
　　　　　　 Randy Grace
　　　　　　 株式会社 Globee

録音協力 ——— 英語教育協議会（ELEC）
　　　　　　 東健一
　　　　　　 Chris Koprowski 🇺🇸
　　　　　　 Emma Howard 🇬🇧

🚄 「時間が足りない」Part 7 の攻略法

TOEIC L&R テストの Part 7（長文問題）では、多くの受験者が「時間が足りない」と悩まされます。長文問題を速く読んで解くコツは、**重要なポイントを中心にメリハリを効かせて読む**ことです。では、その「重要なポイント」とはどこなのか？ 本書では、そのポイントの見つけ方をお伝えし、速く読んで正解するトレーニングを行います。

🚄 解答の手がかりとなる「正解のサイン」

長文の中で特に重要なポイントを示す語句、それが、本書が提示する**「正解のサイン」**です。それらの語句を意識することで、長文をテンポよく読み、問題を効率的に解くことができます。正解のサインには、complimentary（無料の）のようにそれ自体が解答の根拠となるものと、concerned（心配して）のように解答の手がかりを導入するものがあります。

🚄 情報をつかみにいく

単語の羅列を「読まされている」状態では、読解のスピードは上がりません。一方、**正解のサインを軸にして、情報をつかみにいくような読み方**が身につけば、ぐいぐいと読み進めることができます。点と点が線になり、ストーリーが見えてくれば、スピードと正確さを両立した読解が可能になります。

🚄 読解のカギは「機能」の理解

Part 7 を攻略するためには、語句の「意味」に加えて「機能」についても理解することが重要です。例えば、successful

3

（成功した）や applicant（応募者）という個々の単語の意味を知っている学習者は少なくありません。しかし、successful applicants must 〜（合格する応募者は〜でなければならない）という定型フレーズが「応募条件の提示」という機能を持つことを知らなければ、Part 7 の問題を手際よく解くことはできません。本書は、このような正解のサインを機能別に掲載しているので、生きた知識としてすぐにテストに活かすことができます。

🚆 データと経験に基づいた「正解のサイン」

本書の正解のサインは、膨大なデータに基づいています。調査のために、2021 年以降に発売された最新の公式問題（日本非公開の過去問中心）を 2,000 問以上解き、解答の手がかりとなる語句を 1 つずつ抽出しました。そして、それらを約 6,000 問のデータベースと照合し、最も出現頻度が高いものを選びました。つまり、正解のサインは、ただ単に「テストによく出る」語句ではなく、「正解を得るために不可欠」な語句ばかりなのです。データに加えて、過去 10 年間毎年 10 回以上公開テストを受験し、満点も 60 回以上取得してきた私の経験と勘を余すところなく注ぎ込みました。

本書が TOEIC の長文問題に対する新しい視点を提供し、皆さんがスコアとスキルを伸ばすための役に立つツールとなることを願っています。

2024 年 6 月

 テッド寺倉

もくじ

第1章
正解のサイン

第2章
演習問題

本書の使い方

「正解のサイン」を学ぶメリット

❶ 楽に読めて、さっと解ける

「正解のサイン」は、長文のストーリー展開をつかむための道しるべであり、解答の手がかりを示すスポットライトでもあります。それらに着目することで、長文をテンポよく読み、何度も読み返すことなく問題を解くことができます。正解のサインの使い方をマスターすれば、TOEIC Part 7 の長文問題が時間内に解けるようになります。

❷ 再現性が高いから学習効果大

テストに出る語句は毎回異なりますが、正解のサインは同じものが登場します。つまり、正解のサインの知識は汎用性が高く、効率的なのです。また、本書が解説する「文の機能」が理解できれば、わからない単語があっても、正解が得られる可能性が高くなります。

❸ 学んで・使って・身につける

本書は、学んだ知識をすぐに試せる 2 章構成になっています。第 1 章では、正解のサインについて例文や例題を交えて学びます。第 2 章は演習問題 24 セットで、正解のサインを活用した実践演習ができます。全編を通じて Part 7 で頻出の表現や言い換えをふんだんに取り入れているので、読むだけでもテスト対策につながります。

第1章：正解のサイン

　正解のサインは、機能別に以下の12のグループに分類されています。長文の中からこれらのポイントを見つけ出し、1つのストーリーラインとしてつなげていくことが、TOEICの速読の本質です。

- ●目的・条件　　●意向・質問　　●注意・義務
- ●問題・懸念　　●提案・申し出　●予定・予測
- ●近況・決定　　●過去・経験　　●感謝・関連
- ●特典・報酬　　●強調・要点　　●特徴・利点

　正解のサインは、見出し語200とその類義語・関連語約450を収録しています。テストに頻出の重要な語句のみが厳選されています。これらの語句の機能を理解することで、正解の手がかりが浮かび上がって見えるようになります。

　各ページ冒頭の例文は、Part 7の長文から問題に関連する部分だけを抜粋したイメージです。効率的に学べるように、1つの例文に2つの正解のサインを盛り込みました。

　ページ末尾には、例文に関する1問1答が付いています。TOEIC受験者なら必ず知っておくべきPart 7の出題パターンが凝縮されているので、繰り返し読むことで速解力アップが期待できます。

　巻末にはアルファベット順の索引があります。公式問題集などの他の問題集を解きながら、正解のサインを確認したいときなどにご活用ください。

第2章：演習問題

　シングルパッセージ20セットとダブル・トリプルパッセージ各2セットの合計24セットの演習問題を収録しています。それぞれの問題は正解のサインを活用して解答できるように作られています。第1章で学んだ知識を問題形式で実践し、Part7のポイントの捉え方を身につけましょう。

　解説ページには、各問題を解くための手がかりとなる正解のサインが明記されています。正解のサインとそれが示す重要な情報を読み飛ばしていないか、チェックしてください。

音声ダウンロード

　第1章の例文と1問1答、そして第2章の長文と問題文は、英語ネイティブによる朗読音声がダウンロードできます。本番のテストは黙読ですが、学習時には音声を活用することがスコアアップへの近道です。

　黙読のスピードは音読のスピードに比例して向上します。音声を繰り返し聞き、英語のリズムと抑揚を真似て音読してください。正しい発音で音読することが速読力向上につながるので、だまされたと思って続けてみてください。必ず結果がついてきます。

『速読特急』レベル別活用法

🚃 初級者（600点目標）向け学習ルーティン

① 第1章の正解のサインの見出し語001～200とそれらの解説を一通り読みます。

② 例文は和訳を見ずに読みます。わからない単語は、語句の和訳を参照します。次に文の和訳を見て、文全体での意味を確認します。

③ 第2章の演習問題は解く前に解説ページで関連する正解のサインを確認します。

④ 演習問題の長文からそれらの語句を探し、その周辺の情報を中心に読んで解答します。正解するかどうかは重要ではありません。正解のサインを含む重要な文、問題文、選択肢が正しく読めることが目標です。

⑤ 第1章の例文と第2章の長文の文字を見ながら音声を聞き、1文ずつポーズして音読するリピーティングをします。意味を理解した上で、1文をつまらずに音読できるまで繰り返します。

🚃 中級者（800点目標）向け学習ルーティン

① 第1章の例文を、SVOC などの文の構造を意識して、語順通りに丁寧に読み下します。前後の文脈がないので、速く読むことは避けます。わからない単語があれば、語句の和訳を確認します。文の和訳は理解チェックに使用します。

② 正解のサインとその類義語・関連語、解説を学習したら、例文に戻って、正解のサインから何が推測できるか

を考えます。例えば、appreciate（〜に感謝する）というサインがあれば、「何に感謝をしているのか」だけでなく、「誰が何をしたのか」、「書き手は誰か」などの示唆も読み取れる可能性があります。直接的に書かれていない情報を文脈から読み取る力が、中級からのスコアアップには必要です。

③ 1問1答で、例文の情報がどう言い換えられているかを確認します。このプロセスで、正解パターンの知識を身につけます。

④ 第2章の演習問題は、本番のテスト同様に時間制限ありで取り組みます。シングルパッセージ（3問付き）は3〜4分、ダブル・トリプルパッセージは6〜7分が目安です。時間内に解ききれなかった問題は、時間制限なしで読み込みます。

⑤ 音声を使った音読トレーニングを行います。文字を見ながら音声を聞き、ポーズして音読するリピーティングと、カラオケのように音声と同時に音読するオーバーラッピングの両方に取り組みます。オーバーラッピングは再生速度を落としても構いません。文字・音・意味を同時に処理できるようになることが目標です。

🚆 上級者（900点以上目標）向け学習ルーティン

① 第1章の例文と問題文の音声を聞き、正解を自分で考えてみます。すぐに思いつかない場合は、情報処理の速度向上や能動的に使える表現の増強が必要です。

② 正解のサインの類義語・関連語に目を通し、知識に抜けがないか確認します。

③ 類義語を使って例文を書き換え、口頭英作します。ア
   ウトプットによって知識を定着化し、それぞれの語句
   がどのような文脈で使われるかをイメージします。

④ 第2章の演習問題は、本番のテスト同様、時間制限あり
   で取り組みます。シングルパッセージ（3問付き）は3
   分、ダブル・トリプルパッセージは6分が解答時間です。

⑤ 正解の根拠だけでなく、不正解の根拠の存在も確認し
   ます。主要な文の機能や各段落のトピック（問題提起、
   解決策提示など）も分析します。

⑥ 音声を使った音読トレーニングを行います。第1章の
   例文は、文字を見ずに音声を聞いてリピーティングす
   るのが負荷の高い練習方法です。文単位で完璧にリピ
   ートできるまで繰り返します。

⑦ 第2章の長文は、カラオケのように音声と同時に音読
   するオーバーラッピングに取り組みます。音読した後
   に、5W1H の観点でパッセージを要約します。

本書で使われている記号は以下の通りです。

L：リスニングセクション
R：リーディングセクション
動：動詞　名：名詞　形：形容詞　副：副詞
前：前置詞　接：接続詞　助：助動詞　代：代名詞
類：類義語　反：反意語　関：関連語　例：用例

◀ 音声を聴く方法 ▶

スマートフォンで聴く方法

AI 英語教材アプリ abceed

iOS・Android 対応

無料の Free プランで音声が聞けます。
https://www.abceed.com/

※ご使用の際は、アプリをダウンロードしてください。
※abceed 内には本書の有料アプリ版もあります。
※使い方は、www.abceed.com でご確認ください。

また、mikan アプリにも対応しています。詳細は
カバー内側に記載の QR コードからご覧ください。

パソコンで聴く方法

本書の音声は、下記の朝日新聞出版 HP から
ダウンロードしてください。

https://publications.asahi.com/toeic/

Google などの検索エンジンで

朝日新聞出版　速読特急

と入力して検索してください。

第1章
正解のサイン

◀1 ― ◀100

I am writing **to** invite you to enroll in the course. Let us **help** you reach your ambitious target.

001 to do

〜するために

類 in order to do（〜するために）

Part 7は、まず文書が書かれた目的を読み取ることから始めよう。大まかなトピックがイメージできれば、詳細な情報も頭に入りやすくなる。「森を見てから木を見る」が読解のコツだ。

002 help〈人〉do

〈人〉が〜するのを助ける

例 PipePro helps you find a qualified plumber.（パイププロは、資格を持った水道工事業者を見つけるお手伝いをします）

業者からのEメールなどでは、自社が提供するサービスの内容を紹介する機能を持つ。製品・サービスが主語であれば、その使用目的を説明する文になる。

この講座に登録するようお勧めするためにご連絡しています。あなたの野心的な目標を達成するお手伝いをさせてください。

✕ □ **invite〈人〉to do** 〈人〉に〜することを勧める
□ **enroll in** 〜に入学・入会する
□ **ambitious** 形 野心的な

Q. What is the purpose of the e-mail?
A. To encourage participation in a program

Q. Eメールの目的は何ですか。
A. プログラムへの参加を促すこと

Vitas Corporation's primary **goal** is to produce medical supplies **intended for** emergency situations worldwide.

003	**goal**	名 目標

類 **purpose**（目的）、**mission**（任務、使命）
関 **agenda**（課題、議題）

組織の行動目標や将来の計画、売上目標などを表す。

004	**(intended) for**	～のための

例 The workshop is intended for beginners.（この研修会は初心者向けです）
類 **designed for**（～のために設計されている）、**aimed at**（～に向けられた）

製品・サービスのユーザー層や主な用途を説明する。forだけでも目的を表すことができる。

ヴィタス・コーポレーションの第一の目標は、世界中の緊急事態のための医療用品を作ることです。

☒ □ **primary** 形 主要な、最初の
　 □ **supplies** 用品
　 □ **emergency situations** 緊急事態

Q. What type of business most likely is Vitas Corporation?
A. A hospital supplies manufacturer

Q. ヴィタス・コーポレーションはおそらくどのような業種ですか。
A. 病院用品メーカー

Could you check to see if we received any mail today? Please let me know whether IMG's invoice has arrived.

| 005 | **Could you ～ ?** | ～してもらえますか、～できますか |

関 Would you ～? / Would you mind doing? (～していただけますか)、**possible to do** (～することが可能な)

依頼の表現があれば、依頼する目的 (例:書類が必要) や、それに関連する行動 (例:メール室に行く) もひも付けて読み進めよう。

| 006 | **Please ～** | 圓 ～してください |

反 Never ～ (決して～しないでください)

例えば、Please let me know how you would like to proceed. (どのように進めたいかお知らせください) という依頼からは、「相手の意向に合わせて手配する」という目的が読み取れる。

今日、郵便物が届いたかどうか確認してもらえますか。IMGの請求書が届いているかどうか教えてください。

☒ □**if/whether** 圏 ～かどうか
□**mail** 名 郵便
□**invoice** 名 請求書、送り状

Q. What is the reader asked to do?
A. Look for a document

Q. 読み手は何をするように頼まれていますか。
A. 書類を探す

If you are considering investing, download Finana today. Whether you're interested in stocks or cryptocurrencies, we have the right insights and tips for you.

007	**if**	腰 もし～ならば

関 **Should you = If you should** (万一～なら)、**unless** (～でない限り)

例文のif節の「もし投資することを検討しているなら」という情報から、「フィナーナ」は金融サービスであることが推測できる。

008	**whether A or B**	AであろうとBであろうと

関 **regardless of** (～にかかわらず)

製品・サービスがあらゆるニーズに対応していることを示す。なお、whetherには「～かどうか、AかBか」という選択の意味もある (名詞節の場合)。

もし投資することを検討しているなら、今すぐフィナーナをダウンロードしましょう。興味をお持ちなのが株であろうと暗号通貨であろうと、あなたにぴったりの見識とヒントを提供します。

❌ □**invest** 動 投資する
　□**cryptocurrency** 名 暗号通貨
　□**insight** 名 見識
　□**tip** 名 秘訣

Q. What is indicated about Finana?
A. It offers advice for investing.

Q. フィナーナについて何が述べられていますか。
A. 投資に関するアドバイスを提供する。

Professor Keys insists on giving lectures in person so that she can better engage with students.

009	**in person** **[in-person]**	直接会って [対面式の]

例 in-person interview (対面式の面接)
関 brick-and-mortar store / physical store (実店舗)
反 online (オンラインで)

対面で面接が行われる場合、会場は本社なのか、そしてその本社はどこにあるのかといった情報も記載がないかチェックしよう。

010	**so that**	接 ～するために

類 in order that (～する目的で)

that を省略した so we can improve our service (私たちがサービスを改善できるように) のような形もよく出る。

キーズ教授は、学生とより良い関わりを持つために、対面で講義を行うことを強く求めています。

✕ □ **insist on** ～を強く要求・主張する
□ **engage with** ～と関わり合う

Q. What is mentioned about Professor Keys?
A. She requires students to be present in the classroom.

Q. キーズ教授について何が述べられていますか。
A. 学生に教室に出席することを要求する。

The cafeteria menu is under review to better accommodate employees' specific dietary **requirements** and **preferences**.

011 **requirement** 名 必要条件

類 **prerequisite**（前提条件）
関 **required**（必須の）、**sufficient**（十分な）、**enough**（必要なだけの）

求人における「応募条件」や、顧客が製品・サービスに求める「要件」を表す。

012 **preference** 名 好み

例 **preference will be given to**（〜が優遇される）
関 **prefer**（〜の方を好む）

求人広告に preferred とあった場合、それは「優遇、歓迎」の意味であり、必要条件（requirement）ではない。

食堂のメニューは、従業員の特定の食事の要件や嗜好によりよく対応するため、現在見直し中です。

◼ □ **cafeteria** 名 食堂
　□ **accommodate** 動 〜を受け入れる
　□ **dietary** 形 食事の

Q. Why is the cafeteria menu being reviewed?
A. To adapt to more varied needs

Q. 食堂のメニューが見直されているのはなぜですか。
A. さらに多様なニーズに適応するため

As **successful applicants** must be fluent in English, submission of a language proficiency test score is **mandatory**.

013

successful applicant

合格する応募者

類 **ideal candidate**（理想的な候補者）

助動詞が must であれば、応募条件の説明。will であれば、合格者への通知や採用後の職務についての説明になる。

014

mandatory

形 義務的な、必須の

反 **voluntary**（自発的な）、**optional**（任意の）

mandatory を用いて記される必須条件の例には、研修や会議への出席や、メンテナンスの実施、資格を保有していることなどがある。

合格者は英語が堪能でなければならないので、語学力テストのスコア提出が必須です。

- □ **fluent** 形 堪能な、流暢な
- □ **submission** 名 提出
- □ **proficiency** 名 熟練、習熟

Q. What is a requirement of the position?
A. Proficiency in a language

Q. その職の要件は何ですか。
A. 言語の習熟

Promotional discounts are limited to items purchased within the designated sales areas.

015	limited to	~に限られた

類 restricted to (~に制限された)
関 on a first-come, first-served basis (先着順で)

limited to first-time customers (初回購入者に限定) のような適用範囲の制限は、定番の出題ポイント。

016	within	前 ~の範囲内で、~以内で

類 within the boundaries of (~の範囲内で)
関 capped at (~に上限が設定された)、up to (最高~まで)、a minimum of (最低~)、from ~ to... (~から…まで)

within 30 days of purchase (購入後30日以内) や within the city limits (市域内) のように、時間と場所の両方の制限を表すことができる。

販売促進キャンペーン割引は、指定された販売エリア内で購入された商品に限られます。

□ **promotional** 形 販売促進の
□ **designate** 動 ~を指定する

Q. What is mentioned about the discounts?
A. They are only available in selected sections.

Q. 割引について何が述べられていますか。
A. 選ばれた区域でのみ利用可能だ。

We would like to ensure compliance with the recent changes in regulations and ask that all team members attend the legal briefing.

017	**would like to do**	～したい

類 **want to do**（～したい）
関 **would like〈人〉to do**（〈人〉に～してもらいたい）

We would like to offer you the position.（私たちはあなたにこの職を提供したいと考えています）のように、単刀直入に意向を述べる表現。

018	**ask**	動 頼む

類 **request**（～を要請する）
関 **remind**（～に念を押す）

askには大きく3つの意味がある。ask that /〈人〉to doは「頼む」、ask about /〈wh節〉は「尋ねる」、ask forは「求める」だ。

最近の規制変更に対する遵守を確保したく、すべてのチームメンバーは、法律に関する説明会に出席するようお願いします。

❌ □ **ensure** 動 ～を確実にする
　□ **compliance** 名 法令遵守
　□ **legal** 形 法律の
　□ **briefing** 名 状況報告会、説明会

Q. What are team members required to do?
A. Learn about some updates to regulations

Q. チームメンバーは何をするように求められていますか。
A. 規制の改訂について学ぶ

If you encounter any issues with the app,
please **let** the IT team **know** immediately.
It is important for them **to** address any
concerns promptly.

019	**let ⟨人⟩ know**	⟨人⟩ に知らせる

圞 tell ⟨人⟩ about (〜について ⟨人⟩ に話す)

複数文書問題では、「知らせてください」といった依頼への返事が明記されず、次の文書がその結末について示唆している場合がある。

020	**it is important for ⟨人⟩ to do**	⟨人⟩ が〜することが大事だ

圞 it is essential for ⟨人⟩ to do (⟨人⟩ が〜することが不可欠だ)、
be hoping that (〜ということを望んでいる)

物事の重要性を主張することで相手を動かそうとしているので、依頼に準ずる表現。

アプリに問題が発生した場合は、すぐにITチームに知らせてください。彼らが問題に迅速に対処することが重要です。

□ **encounter** 動 〜に直面する
□ **immediately** 副 すぐに
□ **address a concern** 懸念・問題に対処する

Q. What is a purpose of the memo?
A. To ask employees to report technical problems

Q. 連絡メモの目的は何ですか。
A. 従業員に技術的な問題を報告するよう依頼すること

Would you be **willing to** extend your contract for another year? We first need to **confirm** your interest.

021	**willing to do**	～する意志がある、～してもかまわない

関 **interested in doing**（～することに興味がある）
反 **reluctant to do**（～することに気が進まない）

応募要件について問う問題では、A willingness to travel internationally（海外出張する意思）のような選択肢が定番の1つ。

022	**confirm**	動 ～を確認する

関 **make sure / ensure**（確かめる）、**double-check**（～を再確認する）、**acknowledge receipt**（受け取りを確認する）

confirm は、相手の意向や情報の正誤などについての確認に用いる。単純に目を通してほしい場合は、Please review ～（～をご確認ください）などの表現が用いられる。

もう1年契約を延長する意向はありますか。まずはあなたのご興味を確認する必要があります。

❎ □ **extend** 動 ～を延長する
　 □ **contract** 名 契約

Q. What is the reader asked to do?
A. Indicate a willingness to continue an agreement

Q. 読み手は何をするよう求められていますか。
A. 契約を継続する意思を示す

Ms. Na is eager to start her own business and is looking to partner with someone who shares her vision.

023 eager to do

ぜひ～したいと思っている

例 We are eager to expand our operations into Europe. (私たちはヨーロッパでの事業拡大に意欲的です)

関 **enthusiastic about** (～に熱心な)、**passionate about** (～に夢中な)

強い意向を表すサインなので、問題に絡む確率が高い。ユーザーや読者、イベント参加者などの関心が高いことを示す。

024 be looking to do

～することを期待している

関 **seek to do** (～しようと努める)、**intend to do** (～するつもりだ)、**aim to do** (～しようと試みる)、**promise to do** (～すると約束する)

上記に挙げた意思や意欲を表すサインを文書中に見つけたら、書き手がやりたいことを把握し、頭に入れておこう。

ナさんは自分のビジネスを始めたいと熱望しており、ビジョンを共有できる人と組みたいと思っています。

❎ □ **partner with** ～と組む

Q. What does Ms. Na plan to do?
A. Find a business collaborator

Q. ナさんは何をすることを計画していますか。
A. 事業の協力者を見つける

意向・質問 ■ ■ ■ ■ ■

Exhibitors who wish to **inquire about** booth setups and equipment should direct questions to Mr. Safin.

025	**inquire about**	~について尋ねる

関 **ask**〈人〉**about**（〈人〉に~について尋ねる）、**respond to**（~に応答する）、**RSVP**（返事を出す）

問い合わせの内容は文書の主要なトピックを表すので、注目すべきポイント。名詞の inquiry を用いた in response to your inquiry（あなたの問い合わせへの返信として）は、文書の読み手が先に連絡したことを示唆し、解答のカギになることがある。

026	**direct questions to**	~へ質問を差し向ける

関 **raise a question**（質問を出す）

例えば Please direct any questions regarding travel reimbursement to Mr. Alcaraz.（旅費精算に関する質問はアルカラスさんにお願いします）という記述があれば、アルカラスさんは経理部に所属していると推測できる。

展示スペースの設営や機材について問い合わせたい出展者は、サフィンさんにご質問をお願いします。

❌ □ **exhibitor** 名 出展者
　 □ **booth** 名 展示スペース
　 □ **equipment** 名 機器

Q. What is Mr. Safin responsible for?
A. Handling inquiries about exhibition booths

Q. サフィンさんは何の責任者ですか。
A. 展示ブースに関する問い合わせを処理すること

Do you have some time to spare tomorrow? **I was wondering if** you would be able to join our brainstorming session.

027	直接疑問文	～ですか

例 Have you sent back the extra conference materials? (余った会議資料は返送しましたか)

クエスチョンマークの付いた疑問文は、ストーリーの分岐点になる。特に、Eメールやチャットの文書では問題に絡みやすいので、書き手が何を必要としているのかを読み取ろう。

028	I was wondering if	～かと思っていたのですが

類 I wanted to ask you if (～かと尋ねたかったのですが)

I was wondering if ～は間接的で控えめな依頼のニュアンス。問題を解く際は、if以下の内容にフォーカスしよう。

明日は少し時間を取れますか。私たちのブレインストーミング会議に参加していただけないかと思っていたのですが。

✕ □**spare** 動 ～をさく、～を与える
□**brainstorming** 名 ブレインストーミング (グループの中で自由にアイディアを出し合う集団思考法)

Q. What does the writer request?
A. Participation in a meeting

Q. 書き手は何を依頼していますか。
A. 会議への参加

注意・義務 ■ ■ ■ ■ ■

The weather is supposed to clear up this weekend, so be sure to bring a hat and drinking water to the festival.

029
be supposed to do
~することになっている

類 be expected to do (~すると思われている)

The shipment was supposed to arrive today. (その積荷は今日届くことになっていた) のように過去時制であれば、予定通りではない展開が予測できる。

030
be sure to do
必ず~する

例 Be sure to present the coupon to the cashier. (レジ係にクーポンを提示してください)

関 keep in mind that (~ということを覚えておく)、**this is a reminder that** (これは~ということへの注意・督促状だ)

手続きや準備における注意点について説明する表現。

今週末は天気も回復するようなので、フェスティバルには帽子と飲み水を必ず持ってきましょう。

🟦 □ **clear up** 晴れる

Q. What are the readers advised to do?
A. Prepare for warm weather

Q. 読み手は何をするように勧められていますか。
A. 暖かい天候に備える

Tenants **are required to** provide at least one month's notice before vacating the property. Failure to do so **is subject to** a fee.

031	**be required to do**	~するよう求められる

類 **must do / have to do / need to do** (~しなければならない)

募集要項や申請手続きの説明によく用いられる表現。契約に関する記述とも相性がよい。

032	**be subject to**	~をこうむる、~に従わなければならない

例 Prices are subject to change without notice. (価格は予告なく変更される場合があります)

類 **incur** (~をこうむる、~を受ける)

追加請求や価格変更、在庫状況の変動などの可能性を示す定型表現。

賃借人は、物件を明け渡す少なくとも1ヶ月前に通知することが求められます。それを怠った場合は手数料がかかります。

- □ **vacate** 動 ~を立ち退く
- □ **property** 名 物件、不動産
- □ **failure** 名 しないこと、不履行

Q. What requirement is mentioned in the information?
A. Advance notice must be given before leaving.

Q. 案内にはどのような条件が述べられていますか。
A. 退去する前に事前通告が与えられなければならない。

Responsibilities of an office assistant include handling confidential client files. Please **refrain from** using personal electronic devices during work hours.

033	responsibility	名 職務、責任

類 **duty**（職務）、**task**（任務）
関 **responsible for**（～の責任がある）、**the position involves**（その職は～を含む）、**oversee / supervise**（～を監督する）

「職務」は、qualifications（資格）とともに求人広告において重要なポイントの1つ。

034	refrain from doing	～することを差し控える

関 **keep oneself from doing**（～するのをこらえる）

Please refrain from smoking in the train.（車内での喫煙は差し控えてください）という新幹線車内の音声案内でも耳にする禁止の表現。

事務員の職務には、機密の顧客ファイルの取り扱いが含まれます。勤務時間中の個人的な電子機器の使用は控えてください。

□**handle** 動 ～を取り扱う
□**confidential** 形 機密の

Q. What is one responsibility of an office assistant?
A. Managing confidential materials

Q. 事務員の1つの職務は何ですか。
A. 機密の資料を管理すること

◀ 18

Please note that our store will be closed next Monday in honor of Springdale Foundation Day.

035	**Please note**	～をご承ください

類 **Please be aware**（～にご注意ください）、**Please be advised**（～を通知します）

読み手の注意を引きつける表現の後には、重要な情報が続く。今後の予定や気をつけるべき点などの連絡事項を読み取ろう。

036	**closed**	形 閉じた

関 **road closure**（道路閉鎖）、**out of service**（運転中止で）

シンプルだが問題に絡みやすいワード。closed for repairs and will not be accessible until Friday（修理のため閉鎖され、金曜日まで利用できない）といった詳細が記載されていれば、閉まっている理由や期間も合わせてチェックしよう。

来週の月曜日はスプリングデイル創立記念日のため、当店は休業となることをお知らせします。

❌ □**in honor of** ～を記念して
　□**foundation** 名 創立

Q. What is the purpose of the notice?
A. To announce a temporary closure

Q. この通知の目的は何ですか。
A. 一時的な閉鎖を発表すること

注意・義務 ■ ■ ■ ■ ■

Guests are requested to **wear** formal attire as entrance is restricted to those who **follow** the dress code.

037	**wear**	動 ～を身につけている

関 take ～ with you (～を携帯する)

工場内でhard hat (ヘルメット) や safety gloves (安全手袋) の着用を求めるなど、服装に関する注意がよく出る。

038	**follow**	動 ～に従う

類 adhere to (～を遵守する)、comply with (～に従う、～に沿う)
関 no ～ accepted (～は受け入れられない)

「従う」の意味のfollowは、目的語に instructions (指示) や guidelines (指針)、tips (コツ) などを取る。

入場はドレスコードに従った方に制限されるので、招待客は正装してください。

✖ □**attire** 名 服装
　 □**entrance** 名 入場

Q. What are guests required to do?
A. Comply with a rule for clothing

Q. 招待客は何をすることが求められていますか。
A. 服装に関する規則を守る

These documents are **confidential** and **cannot** be shared without prior approval.

039	**confidential**	形 機密の、秘密の

例 Your responses will be kept confidential. (あなたの回答は機密に扱われます)

関 **sensitive** (細心の注意を要する)、**proprietary** (占有の、独占販売の)、**anonymous** (匿名の)

社外秘の情報の取り扱いについて注意する表現。

040	**cannot do**	〜できない

例 This coupon cannot be combined with any other offers. (このクーポンは他の割引との併用はできません)

類 **unable to do** (〜できない)

不可能や禁止を表す強い表現なので、チェックすべき情報。

これらの文書は機密であり、事前の承認なしに共有することはできません。

❎ □**prior** 形 事前の
　 □**approval** 名 承認

Q. What is suggested about the documents?
A. They contain sensitive information.

Q. 書類について何が示唆されていますか。
A. 機密情報を含んでいる。

Leafy Beverages has **discontinued** its line of green teas, which will **no longer** be distributed to retail outlets.

041 discontinue　　　　　　　動 ～をやめる、～を生産中止にする

類 **terminate** (～を終わらせる)
関 **halt production** (生産を停止する)

製品の生産中止の文脈で使われることが多いが、雑誌の刊行やツアーの提供、会員契約などをやめるという意味でも用いられる。

042 no longer　　　　　　　もはや～でない

類 **not ~ anymore** (もう～ない)

「以前はそうであったが、もはやそうではない」という過去における含みも持っているフレーズ。

リーフィーベバレッジは、緑茶の製品ラインナップを終了し、それらは小売店にはもう流通しなくなります。

❌ □ **distribute** 動 ～を流通させる
　　□ **retail outlet** 小売店

Q. What is true about Leafy Beverages' green teas?
A. They are not available for purchase.

Q. リーフィーベバレッジの緑茶について正しいことは何ですか。
A. 購入することができない。

This is to inform you that your parking permit will expire in two weeks. Please contact us to renew it as soon as possible.

043

expire

動 期限が切れる

関 **expiration date** (有効期限)

契約更新やセール価格の期限が迫っていれば、早めのアクションが必要だ。マルチパッセージ (複数文書) 問題では、期限日がいつなのかも問題に絡みやすい。

044

as soon as possible

できるだけ早く

関 **at your earliest convenience** (都合がつき次第)、**shortly／immediately** (すぐに)、**promptly** (すぐに、きっかり)、**expedite** (〜を早める)

マルチパッセージ問題では、「できるだけ早く」と依頼された行為は、特に記述がない限り、即実行されたとみなそう。

あなたの駐車許可証の有効期限が2週間後に切れることをお知らせします。更新のためにできるだけ早くご連絡ください。

❌ □ **permit** 名 許可書
　 □ **renew** 動 〜を更新する

Q. What is the reader asked to do?
A. Renew a permit in a timely manner

Q. 読み手は何をするように頼まれていますか。
A. すみやかに許可証を更新する

There is a problem with our logistics software. It is currently causing all orders to be declined.

045	**there is a problem with**	～に問題がある

関 **have a hard time doing** (なかなか～できない)、**experience difficulty with** (～で苦労する)、**there is no ～** (～がない)、**issue** (問題)、**downside** (マイナス面)

サービスの中断や遅延、機器の故障など、問題の発生からストーリーが展開する。

046	**decline**	～を丁重に断る

関 **refuse** (～を断る)、**change one's mind** (考えを変える)

invitation (招待) や job offer (採用通知) のような申し出を断る際によく用いられる表現。その後に提示される代案も含めて、ストーリーを線で捉えよう。なお、declineは「低下する」という意味も持つ多義語。

当社の物流ソフトウェアに問題があります。それが原因で、現在すべての注文をお断りすることになっています。

❌ □ **logistics** 名 物流
　 □ **cause** 〈人など〉 **to do** 〈人など〉に～させる

Q. What problem is described in the e-mail?
A. Orders cannot be accepted.

Q. Eメールで説明されている問題は何ですか。
A. 注文を受け付けることができない。

We would like to **apologize** to those who
are **concerned** about the decreased
number of hours available on weekend
shifts.

047

apologize

動 謝る

関 **sorry**（申し訳なく思って）、**extend one's apology**（お詫びを申し上げる）

問題が発生していることのサイン。[apologize to〈人〉for〈事〉] の形を取るので、「誰に」、「何に対して」謝っているのかを確認しよう。

048

concerned

形 心配して

類 **worried**（心配して）
関 **disappointed**（がっかりして）、**rumor**（うわさ）

名詞用法を用いた express concern（懸念を表す）は、設問文や選択肢で多用される。なお、Eメールなどに Don't worry.（心配しないで）とあれば、むしろ読み手には何らかの懸念があると推測しよう。

週末のシフトの勤務可能な時間が減少したことについて心配している方に、お詫びします。

▨ □ **those who** 〜である人々
　□ **decrease** 動 〜を減少させる

Q. Who would most likely be affected by the changes?

A. Store employees who work on weekends

Q. 変更によって影響を受けるのはおそらく誰ですか。
A. 週末に働く店員

Unfortunately, our seat reservations were canceled at the last minute due to overbooking and we had to hastily arrange alternative transportation.

049 **unfortunately** 　　副 あいにく、運悪く

関 actually（実は）、in fact（実際に）、afraid（残念ながら）

当初の予定と異なる事態について伝えるサイン。その原因や対策についての情報が後に続くことを予測しよう。

050 **be canceled** 　　中止される、取り消される

関 be delayed／behind schedule（遅れている）、scheduling conflict（予定がかち合うこと）、double-booking（二重予約）

フライトや列車のキャンセル・遅延により到着が遅れる人が同僚に助けを求めるシーンはチャット問題によく出る。

あいにく座席予約が超過予約のため直前でキャンセルになり、急きょ代替の交通手段を手配しなければなりませんでした。

❌ □**at the last minute** 直前になって
　□**overbook** 動 超過予約をとる
　□**hastily** 副 急いで
　□**alternative** 形 代わりの
　□**transportation** 名 交通手段

Q. What problem do the writers mention?
A. Their reservations were not honored.

Q. 書き手たちはどんな問題について述べていますか。
A. 予約が履行されなかった。

While the challenging environment led to a few complaints, most new employees successfully adapted to our start-up's busy culture.

051 while

腰 ～だが一方、～と同時に

関 although / though (～だが)、even though (～ではあるが)、
however (しかしながら)、but (しかし)、despite (～にもかかわらず)

逆接の語句はストーリーの大きな転換を示すので、すべて重要なサイン。

052 complaint

名 苦情

例 file a complaint (苦情を申し立てる)
動 complain (文句を言う)
関 argue (～を主張する)

平和な世界観のTOEICだが、製品・サービスに対するcustomer complaint (顧客の苦情) や、騒音や景観の悪化に対する住民の苦情は出る。

難しい環境がいくつかの苦情に至ったものの、ほとんどの新入社員は私たちのスタートアップの多忙な文化にうまく適応しました。

□ challenging 形 困難だがやりがいのある
□ lead to ～につながる
□ adapt to ～に適応する
□ start-up 名 新会社

Q. What were some new employees initially dissatisfied with?
A. Difficult work conditions

Q. 何人かの新入社員が当初不満に思っていたことは何ですか。
A. 困難な労働条件

問題・懸念 ■ ■ ■ ■ ■

After testing the prototype, Lisa **realized** that a **flaw** in its design resulted in reduced power efficiency.

053	**realize**	動 〜だとわかる、〜だと気づく

例 I realized the project needed more funding. (私は、そのプロジェクトにより多くの資金が必要だと気づきました)

類 **become aware of** (〜に気づく)

良いことに気づく場合にも使う表現だが、TOEIC では問題が発覚したときの方が多い。

054	**flaw**	名 欠陥、欠点

関 **malfunction** (不具合)、**crack** (割れ目)、**wear and tear** (すり切れ)、**power outage** (停電)

製品や製造工程などに問題があることを示す。この語の後に続く問題の具体的な説明もざっと理解しておきたい。

試作品をテストした後、リサはデザインにおける欠陥が電力効率の低下につながっていると気づきました。

■ □ **prototype** 名 試作品
　□ **result in** 〜という結果になる
　□ **efficiency** 名 効率

Q. What is indicated about the prototype?
A. It did not function efficiently.

Q. 試作品について何が述べられていますか。
A. 効率的に機能しなかった。

The fact that some of our most popular items were **out of** stock contributed to **poor** sales this quarter.

055

out of
〜を切らして

例 out of stock（在庫切れで）、out of paper（紙がなくなって）

関 **shortage**（不足）、**on back order**（入荷待ちで）、**run low**（少なくなる）、**understaffed**（人手不足で）

TOEICでは、在庫や人手の不足が従来からよくあるシーンだが、近年は過剰在庫（overstock）も出るようになった。

056

poor
形 乏しい、良くない

関 **unsatisfactory**（不十分な）、**improper**（不適切な）、**harmful**（有害な）、**severe**（深刻な）

ネガティブな形容詞は問題に絡みやすい。アンケートの満足度でpoor（良くない）にチェックが入ってる項目も要チェック。

最も人気のある商品の一部が品切れだったことが、この四半期の売上が不振だった一因です。

❌ □**contribute to** 〜に寄与する

Q. What reason is given for this quarter's poor sales?
A. Insufficient supply of stock

Q. 今四半期の販売不振の理由は何ですか。
A. 在庫の供給不足

問題・懸念 ■ ■ ■ ■ ■

Though she was **out of town** for a trade show, Ms. Sabatini managed to solve the client's **urgent** issue over the phone.

| 057 | **out of town** | 出張で、町を離れて |

関 **out of the office**（社外に出て）、**call in sick**（病欠を電話で伝える）

チャットやEメールで、担当者が不在で対応できないというパターンは頻出。John will cover for me.（ジョンが私の代わりになります）のような解決策も提示される。

| 058 | **urgent** | 形 緊急の |

例 Please treat this issue as urgent.（この問題を緊急事項として扱ってください）
関 **express urgency**（緊急性を表す）

緊急の用件は、電話での連絡や即座の対応が求められる。

展示会で出張中だったにもかかわらず、サバティーニさんは電話で顧客の緊急の問題をどうにか解決しました。

✕ □ **trade show** 展示会
□ **manage to do** どうにか〜する
□ **solve** 動 〜を解決する

Q. What is suggested about Ms. Sabatini?
A. She took care of a matter remotely.

Q. サバティーニさんについて何が示唆されていますか。
A. 遠隔で問題に対処した。

If you are interested in gardening, you might want to visit the botanical garden. I would encourage you to take part in one of its tours on weekends.

059

might want to do

〜してはいかがかと思う

類 **might be interested in**（〜に興味があるかもしれない）

「あなたは〜したいかもしれない（なぜならそれがいい選択だから）」ということで、提案の表現の1つ。

060

encourage 〈人〉 to do

〈人〉が〜するよう勧める

関 **urge 〈人〉 to do**（〈人〉に〜するよう説得する）、**prompt 〈人〉 to do**（〈人〉に〜するよう促す）

読み手にとって有益なことや、事前にやっておいた方がいいことを知らせて行動を促す表現。

もしあなたが園芸に興味があるなら、植物園を訪れてみるといいでしょう。週末のツアーの1つに参加することをお勧めします。

▨ □ **botanical garden**　植物園

Q. What does the writer recommend doing?
A. Joining a garden tour

Q. 書き手は何をすることを勧めていますか。
A. ガーデンツアーに参加すること

Consider signing up for our rewards program. We will provide information on members-only discounts through our monthly newsletter.

| 061 | **consider doing** | ～することを検討する |

関 **Don't miss ～!** (～をお見逃しなく)

広告では、Consider ～ing. のように命令文で提案を表す。Eメールなどでは、I hope you will consider ～. (～を検討していただくことを願っています) のような形になる。

| 062 | **will do** | ～しよう |

例 will contact / will reach out (～に連絡する)、will send (～を送る)

willには書き手の今後の行動を宣言する働きがある。助動詞は一見シンプルだが、書き手の意図や期待などが込められているので、読み飛ばしてはいけない。

当社の特典プログラムに登録することをご検討ください。会員専用の割引についての情報を毎月の会報で提供します。

□ **sign up for** ～に登録する
□ **reward** 名 謝礼、報奨

Q. What is a benefit of the rewards program?
A. Exclusive discount updates

Q. 特典プログラムの利点は何ですか。
A. 会員限定割引についての最新情報

Nutritionist Jim Spencer suggests eating foods made from natural whole grains instead of white bread for a healthier diet.

063	**suggest**	動 ～を提案する、～を勧める

類 **recommend**（～を勧める）、**propose**（～を提案する）

人が主語で、doing や that 節が目的語であれば「提案する」の意味。一方、research（研究）や survey（調査）が主語の場合は、「示唆する」の意味の可能性が高い。

064	**instead of**	～の代わりに

類 **in place of**（～の代わりに）、**rather than**（～よりもむしろ）
関 **alternative**（代わりの）、**original**（もとの）

A instead of B（Bの代わりにA）の場合、代案のAだけでなく、ボツになるBについて問う問題も出るので要注意。

栄養士のジム・スペンサーは、より健康的な食生活のために、白いパンの代わりに天然全粒穀物から作られたものを食べることを勧めています。

❌ □ **nutritionist** 名 栄養士
　　□ **whole grain** 全粒

Q. What does Mr. Spencer recommend for a healthier diet?
A. Substituting some food choices

Q. スペンサーさんは、より健康的な食事のために何を勧めていますか。
A. 食品を代用すること

As we have been seeking an expert in robotics, we would be honored to have you as the keynote speaker for our conference.

---

065 seek

動 ～を探し求める

例 LMG is seeking a highly skilled mechanical engineer.（LMGは高度な技術を有する機械工学者を求めています）

類 **look for**（～を探す）、**solicit**（～を強く求める）

求人広告でも定番の表現。職種や応募要件についての記述のサイン。

---

066 would be honored to do

～できるならば光栄に思う

関 **would be nice to do**（～できればうれしい）

would は仮定法。決定は相手の意向次第であり、まだ実現していないことを表す。

私たちはロボット工学の専門家を探しており、あなたを会議の基調講演者として迎えられれば光栄です。

❌ □**robotics** 名 ロボット工学
　□**keynote speaker** 基調講演者

Q. Why is the reader being invited to speak?
A. She has expertise in a relevant field.

Q. 読み手はなぜ講演するよう招待されていますか。
A. 関連分野の専門知識を持っている。

After completing a membership agreement, you may use the gym facilities; we could also provide you with a personal introductory session.

067	you may	～してもよい

類 **you are welcome to do**（自由に～してよい）

may には、規則や法律による許可の意味があり、can よりもかたい表現。

068	we could	～することもできる

例 **We could meet earlier if you would like.**（もしよろしければ、もっと早くお会いしても構いません）

仮定法の could を用いて、相手の意向をうかがいつつ提案・申し出する表現。主語が I や you に変わると、行為の主体は変わるが、提案という趣旨に変わりはない。

会員同意書に記入後、ジムの施設をご利用いただけます。個別の導入セッションを提供することも可能です。

❌ □**agreement** 名 同意書
　□**facility** 名 施設
　□**introductory** 形 導入の、入門の

Q. What is available to gym members?
A. An individual session

Q. ジムの会員は何が利用できますか。
A. 個別のセッション

Need a reliable and affordable mechanic? Look no further than Mega Motors! Why don't you bring your car in for a free assessment?

069

look no further than ～

～をおいて他にない

関 there is no better way to ～ than... (～するには…以上に良い方法はない)

広告で定番の表現。例文のように、このフレーズの直前で顧客のニーズが言及されるので、そこから製品・サービスの特徴を把握しておこう。

070

Why don't you ～?

～したらどうですか

類 How about ～? (～はどうですか)

口語的な表現なので、チャットでよく出る。提案に対する That'll work. (それでうまくいきます) のような応答の意図を問う問題が出るが、提案の内容が理解できていれば解ける。

信頼できて、お手頃な価格の修理工が必要ですか。メガモーターズにお任せください。あなたの車を無料査定のために持ち込みませんか。

❌ □ **mechanic** 名 修理工、機械工
　□ **reliable** 形 信頼できる
　□ **affordable** 形 手頃な価格の
　□ **assessment** 名 査定

Q. What is offered by Mega Motors?
A. A free evaluation

Q. メガモーターズによって何が提供されていますか。
A. 無料の査定

Maintenance on the Hudson Building is scheduled to commence on October 1 and conclude on October 15.

---

071 be scheduled to do ～する予定である

類 **be slated to do / be set to do**（～する予定である）
関 **plan**（～の計画を立てる、計画）

イベントや業務、工事などの予定の説明でよく用いられる表現。be going to do（～するつもりだ）や will be doing（～するだろう）も基礎的だが予定を表す重要なサイン。

---

072 conclude 動 終了する、～を終える

類 **complete**（～を完成させる）、**finish**（終わる、～を終える）、**end with**（～で終わる）

作業やイベントなどの最終日を示す表現。なお、concludeには「結論づける」の意味もあり、What can be concluded about ～?という問題文は「～について何が推論できるか」の意。

ハドソンビルのメンテナンスは10月1日に開始し、10月15日に終了する予定です。

🔲 □ **maintenance** 名 整備、保守
　 □ **commence** 動 開始する

Q. What is included in the notice?
A. The duration of a project

Q. 通知に含まれているものは何ですか。
A. 事業の期間

予定・予測 ■ ■ ■ ■ ■

Following the annual off-site meeting, we typically observe a boost in team productivity and morale.

073	**following**	前 〜の後に 形 下記の

類 **after**（〜の後に）
関 **follow**（〜の後に続く）

Following the speech, dinner will be served. (スピーチの後にディナーが出されます) のように、物事の前後関係を表す。

074	**annual**	形 年1回の

類 **yearly**（年1回の）
関 **biannual**（半年ごとの）、**quarterly**（四半期ごとの）

annual や yearly を見つけるだけで解ける（見逃すと解けない）問題も出るので、ぜひ注目したいサイン。

年に一度の社外会議の後はいつも、チームの生産性と士気の向上が見受けられます。

- □ **off-site** 形 現場を離れた
- □ **typically** 副 通例では、典型的に
- □ **observe** 動 〜を目にする
- □ **boost** 名 上昇
- □ **productivity** 名 生産性
- □ **morale** 名 士気

Q. What is indicated about the off-site meeting?
A. It is held every year.

Q. 社外会議について何が述べられていますか。
A. 毎年開かれている。

The remainder of the payment is **due once** the building has been fully constructed and inspected.

075	**due**	形 期限が来て

関 **deadline**（締切）、**overdue**（期限が過ぎて）、**outstanding balance**（未払いの残高）

請求書中の due date（支払い期日）の日付を受けて、「いつ支払われるべきか」と直接問う問題も出る。

076	**once**	接 ～するとすぐに、いったん～すると

類 **as soon as**（～するとすぐに）

接続詞の once や as soon as は、後ろに現在完了形を伴うこともあるが、そこに記されていることは予定であり、まだ実現していないことに注意。

支払いの残りは、建物が完全に建設され、検査が完了した時が期日です。

❎ □**remainder** 名 残り
　□**construct** 動 ～を建設する
　□**inspect** 動 ～を検査する

Q. When is the final payment required?
A. After an inspection is completed

Q. 最終の支払いはいつ必要ですか。
A. 検査が完了した後

予定・予測 ■ ■ ■ ■ ■

As of July 1, the Brighton location will undergo renovations. **Upon** completion, club members will have access to the latest equipment.

077	**as of**	～以降に、～の時点で

類 **beginning / starting**（～から）、**effective**（（特定の日時）をもって）

冒頭でこのようなサインがあれば、文書の目的は、何らかの変更（change）や移行（transition）の告知だ。

078	**upon**	前 ～と同時に、～のすぐ後に

例 **Payment is due upon receipt.**（お支払いは受領時にお願いします）

upon request は「請求があり次第」の意味で、on demand の類似表現。

7月1日から、ブライトン店は改装工事に入ります。完成すればすぐ、クラブ会員は最新の設備が利用できるようになります。

- □ **location** 名 店舗、拠点
- □ **renovation** 名 改装
- □ **completion** 名 完成

Q. What will the renovations at the Brighton location probably include?
A. Upgrading some facilities

Q. ブライトン店の改装にはおそらく何が含まれますか。
A. 設備をアップグレードすること

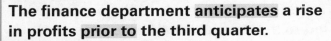

The finance department **anticipates** a rise in profits **prior to** the third quarter.

079	**anticipate**	動 ～を予想する

例 We anticipate needing additional staff. (私たちは追加のスタッフが必要になると予想しています)

類 expect (～を予期する)、predict (～を予測する)

the much anticipated roll-out (待望の発売) とあれば、その製品の人気が高いことが示唆されている。

080	**prior to**	～より先に、～の前に

例 an hour prior to boarding your flight (フライトに搭乗する1時間前に)

類 in advance of (～より前に)

物事の前後関係を表すサイン。

財務部は、第3四半期の前の増益を予想しています。

✂ □ **profit** 名 利益、もうけ
□ **quarter** 名 四半期

Q. What does the finance department expect before the third quarter?

A. Increased profits

Q. 財務部は第3四半期の前に何を予想していますか。
A. 利益の増加

The unexpected result of the experiment led to a potential breakthrough in the development of new adhesive materials.

081	**unexpected**	形 予期しない

類 **unforeseen**（予期しない）、**surprising**（意外な）
関 **inadvertent**（故意でない）

unexpected scheduling conflict（予期せず予定がかち合うこと）は、予定を変更しなければならない理由の1つ。

082	**potential**	形 潜在的な、見込みのある

類 **prospective**（見込みのある）

potential [prospective] clientは、「顧客になってもらいたいが、まだそうなっていない状態の顧客」。なお、「既存顧客」はexisting [current] client。

実験の予期せぬ結果が、新しい粘着材料の開発における潜在的な突破口につながりました。

⊠ □**breakthrough** 名 大発見
　□**adhesive** 形 粘着性の

Q. What is suggested about the experiment?
A. It had an unforeseen outcome.

Q. 実験について何が示唆されていますか。
A. 予期せぬ結果をもたらした。

Retailers are optimistic that the sales during the upcoming winter holiday season will outperform last year's results.

| 083 | optimistic | 形 楽観的な |

類 **hopeful**（希望を持った）

今後の成功について「自信がある（confident）」とも言い換えることができる。なお、反意語の pessimistic（悲観的な）は、ビジネスシーンであまり使うことはないので、TOEIC でも見かけない。

| 084 | upcoming | 形 来るべき |

例 an upcoming factory inspection（今度の工場検査）
類 **forthcoming**（来るべき）、**next**（これからの）

近い将来に起こることを示すサイン。それが何らかのイベントであれば、その段取りについてのトピックが続くことを予測しよう。

小売業者は、今度の冬休み期間中の売上が昨年の結果を上回るだろうと楽観視しています。

❌ □ **retailer** 名 小売業者
　□ **outperform** 動 ～を上回る

Q. What is indicated about the winter holiday season?
A. Improved sales are anticipated.

Q. 冬の休暇シーズンについて何が述べられていますか。
A. 売上の向上が予想されている。

The meeting time we discussed won't work for me. I forgot about my dentist appointment.

085	**work**	動 都合がつく、うまくいく

関 **convenient** (都合のよい)

チャットなどで用いられるくだけた表現。not などの否定語を伴って「都合が悪い」と述べられていれば、その理由や提示される代案に注目しよう。

086	**forget**	動 〜を忘れる

例 I forgot to attach the file. (ファイルを添付するのを忘れていました)
関 **overlook** (〜を見落とす)、**fail to do** (〜しそこなう)、**neglect** (〜を怠る)、**ignore** (〜を無視する)

うっかり忘れられていたことや見落とされていたことは、チャットやマルチパッセージ問題で特に要チェック。

相談していた会議の時間では都合が悪いんです。歯医者の予約について忘れていました。

❌ □ **dentist** 名 歯医者
　 □ **appointment** 名 (病院などの) 予約、面会の約束

Q. Why does the writer need to reschedule a meeting?
A. He overlooked an appointment.

Q. 書き手はなぜ会議の日程を変更する必要がありますか。
A. 予約を見落としていた。

New guidelines will be introduced to streamline the approval process in the product development division.

087 new
形 新しい

例 congratulations on your new position（新しい役職への就任おめでとう）
関 latest / newest（最新の）、upgrade（改良する、アップグレード）

新製品や新入社員など、「新しい」物や人は、あらゆる文書において主要なトピック。誰でも知っている単語だが、要点として着目しているかどうかが大きな差を生む。

088 introduce
動 ～を導入する

関 implement（～を実行する）、launch（～を開始する）

導入されたばかりの社内システムについて述べられていることとして、「それは新しい」というシンプルな選択肢があれば、それは正解。

製品開発部門での承認プロセスを合理化するために、新しい指針が導入されます。

❎ □**guideline** 名 指針
□**streamline** 動 ～を合理化する
□**approval** 名 承認
□**division** 名 部門

Q. What is true about the product development division?

A. Some new policies will be implemented.

Q. 製品開発部門について正しいことは何ですか。
A. 新しい方針が実施される。

Arthur Publishing unveiled the sequel to Billie King's best-selling novel today and is now scheduling book signing events with the author.

089	**unveil**	動 ～を初公開する

類 **reveal**（～を公開する、～を明らかにする）
関 **grand opening**（新規オープン）

新製品の公開がトピックである文書の目的は、To announce the launch of a new product（新製品発売を発表すること）のように言い表すことができる。

090	**now**	副 今は

類 **currently**（現在は）、**today**（今日では）
関 **present**（現在の）、**now that**（今や～なので）

ニュースは最新の出来事について報じるものなので、記事の中のnowを含む文は、本題に関連していることが多い。

アーサー出版は本日、ビリー・キングのベストセラー小説の続編を発表し、現在著者によるサイン会の予定を立てています。

- □ **sequel** 名 続編
- □ **novel** 名 小説
- □ **author** 名 著者

Q. What is Arthur Publishing currently organizing?
A. Book promotion events

Q. アーサー出版は現在何を手配していますか。
A. 本の販売促進イベント

Recently, remote work opportunities have been increasing due to advancements in technology.

091	**recently**	副 最近

類 **in recent years**（ここ数年）
関 **over the last [past] ~ years**（この~年間で）

「ここ最近は」という意味に加え、近い過去を指す「このあいだ」の意味もある。後者の場合は previously（以前に）で言い換えることが可能。

092	**increase**	動 増える、～を増やす　名 増加

類 **rise**（上がる、上昇）、**grow**（増加する）
関 **expand**（拡大する）、**extend**（拡大する）

例えば、increased productivity（向上した生産性）は企業にとって好ましいが、increased competition（激化した競合）は好ましくない。この価値判断をしながら読むのが速読・速解のコツ。

近年、技術の進歩により在宅勤務の機会が増えています。

▨ □**advancement** 名 進歩

Q. What has contributed to the rise in remote work opportunities?

A. Technological progress

Q. 在宅勤務の機会の増加に貢献したものは何ですか。
A. 技術の進歩

The company has **notified employees of** the potential for some downtime while the network servers **undergo** an upgrade.

093 notify〈人〉of
〈人〉に〜について通知する

類 **inform**〈人〉**of**（〈人〉に〜を知らせる）、**update**〈人〉**on**（〈人〉に〜に関する最新情報を知らせる）、**alert**〈人〉**to**（〈人〉に〜に対し注意を呼びかける）

ある問題についての4つの選択肢にnotifyやinformが並んでいる場合、それら自体に違いはないので、後ろの情報に着目して解こう。

094 undergo
動 〜を受ける

関 **in progress**（進行中で）、**in the process of**（〜の最中で）、**be doing**（〜しているところだ）

construction work（建設工事）やrenovation（改装）、maintenance（整備）などの作業が進行中であることを表す。

会社はネットワークサーバーがアップグレードされる間、休止状態が発生する可能性があることを従業員に通知しました。

❎ □**downtime** 名 休止時間

Q. What is mentioned about the computer servers?
A. Their service may be interrupted.

Q. コンピューターサーバーについて何が述べられていますか。
A. サービスが中断される可能性がある。

The theater director has **decided** to **assign** the lead role in the play to an up-and-coming actor, Johnny Mac.

095 □ □ □	**decide**	動 ～を決める

類 determine（～を決定する）
関 agree（賛成する）、**come to the conclusion**（結論に達する）

現在完了形または過去形で「すでに決定されたこと」が述べられている場合は、特に重要な手がかり。

096 □ □ □	**assign**	動 ～を割り当てる、～を任命する

類 allocate（～を割り当てる）

例えば、作業指示書に assigned to: Pat Cash（担当：パット・キャッシュ）とあれば、その仕事はキャッシュさんに割り当てられ、彼が担当であることがわかる。

演劇監督は、新進気鋭の俳優であるジョニー・マックにその劇の主役を任せることにしました。

■ □**theater director**　演劇監督
　□**up-and-coming**　形 新進気鋭の
　□**actor**　名 俳優

Q. What is indicated about Johnny Mac?
A. He will be featured in a play.

Q. ジョニー・マックについて何が述べられていますか。
A. 劇で主演する。

It **turns out** that Ms. Sanchez has **approved** the plan to adopt a new reimbursement request system.

097	turn out	~であることがわかる

類 **prove**（~であるとわかる）
関 **end up**（最終的になる）

驚くべきことや想定外のことについて述べる際に用いるフレーズ。そういった特筆すべき情報は自ずと問題に絡む。

098	approve	動 ~を承認する

類 **authorize**（~を許可する）
関 **understand**（~を了解する）、**adopt**（~を採用する）、**opt for**（~を選ぶ）

「誰が」、「何を」承認したかに加え、承認された後どうなるのかについても記述がないかチェックしよう。

結局、サンチェスさんが新しい経費精算請求システムを採用する計画を承認したことがわかりました。

❎ □**reimbursement** 名 払い戻し、経費精算

Q. What is true about Ms. Sanchez?
A. She agreed to introduce a new system.

Q. サンチェスさんについて正しいことは何ですか。
A. 新しいシステムを導入することに同意した。

Ms. Barty **has created** several award-winning gardens during her twenty **years of experience** in landscaping.

099	現在完了・経験	～したことがある

関 **never**（一度も～したことがない）、**hardly**（ほとんど～ない）

have done の形で、過去の輝かしい実績などが述べられていたら要チェック。never などの否定語を伴って、経験がないことを述べている部分も問題に絡みやすい。

100	**～ years of experience**	～年間の経験

関 **experienced / seasoned**（経験豊富な）、**novice**（初心者）、**background**（経歴）

マルチパッセージで、求人広告に at least five years of managerial experience （少なくとも5年間の管理職の経験）といった条件の記載があり、応募者がそれを満たすかどうかをEメールなどから読み取って解く問題は定番。

バーティーさんは、造園の20年の経験の中で、いくつもの受賞する庭園を作りました。

□ **award-winning** 形 受賞した
□ **landscaping** 名 造園

Q. What is indicated about Ms. Barty?
A. She is a highly experienced landscaper.

Q. バーティーさんについて何が述べられていますか。
A. 非常に経験豊富な造園家である。

過去・経験 ■ ■ ■ ■ ■

Bryan's Plumbing has been proudly serving Florida with its range of services since it was established three decades ago.

101	現在完了・継続	ずっと～している／～である

関 spent ~ years （～年間を費やした）

have been doingは、過去から現在まで続いていることを表す。 登場人物の現在の仕事や会社の創業後の年数などについての説明は要チェック。

102	**since**	前 接 ～以来ずっと

関 for （～の間）、~ ago （～前に）、so far （今までのところ）

sinceの後ろで述べられている過去の出来事が問題に絡むこともある。時系列を整理しながら読もう。

ブライアン配管は、30年前に設立されて以来、誇りを持ってフロリダに幅広いサービスを提供してきました。

❌ □ **plumbing** 名 配管工事

Q. What is indicated about Bryan's Plumbing?
A. It has been in business for some time.

Q. ブライアン配管について何が述べられていますか。
A. 以前から営業している。

Elena Novak, a former ballet dancer who used to perform at the Capitol Theater, has now transitioned into a successful career as a choreographer.

---

103 former　　　　　　　　　形 前の、元の

関 **ex-**（前の）、**retired**（引退した）、**prior**（先の、優先的な）、**previous**（以前の）

元大学教授（a former professor）のセカンドキャリアや、かつての工場（a former factory）の再利用はTOEICらしいトピック。

---

104 used to do　　　　　　　　以前は〜した

関 **in the past**（過去に）、**remember doing**（〜したことを覚えている）

過去の職業や所属、慣習などについて述べる表現。I used to work for a publisher. （私は以前、出版社で働いていた）のように、助動詞的に用いられる。

エレナ・ノヴァクは、かつてキャピトル劇場で演じていた元バレエダンサーで、今は成功した振付師に転身しています。

✖ □**transition** 動 移行する
　□**choreographer** 名 振付師

Q. What is true about the Capitol Theater?
A. It hosts ballet performances.

Q. キャピトル劇場について正しいことは何ですか。
A. バレエ公演が行われている。

過去・経験 ■ ■ ■ ■ ■

Mr. Moya **initially** had little work experience, but he quickly impressed everyone and **assumed the role** of social media manager.

105	**initially**	副 初めは

類 **in the beginning**（最初は）、**at first**（初めのうちは）

「初めは」という断りが入れられていれば、その後ストーリーが別の方向に展開することが予想できる。

106	**assume the role**	役を引き受ける

類 **assume responsibilities**（任務を担う）
関 **appoint**（～を任命する）、**name**（～を指名する）

新しい人がその役職に就くことを示す表現。「誰が・いつ・どんな仕事を始めるのか」という一連の情報を頭の中でまとめよう。

モヤさんは当初、職務経験がほとんどありませんでしたが、すぐに皆を感心させ、ソーシャルメディア・マネジャーの役職に就きました。

❎ □**impress** 動 ～を感動させる

Q. What is NOT mentioned as a reason for Mr. Moya's success?
A. His business background

Q. モヤさんの成功の理由として述べられていないことは何ですか。
A. 彼の職歴

Just a year after **graduating from university**, Martina has **already** launched a fashion business, a different field from her studies.

---

107 **graduate**　　　　　　　🔵 卒業する

関 **grow up**（育つ）、**resign**（辞職する）

登場人物の学歴や生い立ちが記されていたら、時系列でざっくりと頭に入れておこう。

---

108 **already**　　　　　　　🔵 すでに、もう

反 **not ~ yet**（まだ~ない）
関 **still**（今でも、まだ）

「すでに手配済みだ（だから、もう何もしなくてよい）」や、「すでに予算を超えている（よって、追加はできない）」など、示唆を含みやすい表現だ。

大学を卒業してたった1年後に、マルティナは学業とは異なる分野であるファッションビジネスをすでに立ち上げていました。

❎ ▢**field** 🟥 分野

Q. What is NOT suggested about Martina?
A. She studied fashion in university.

Q. マルティナについて示唆されていないことは何ですか。
A. 大学でファッションを学んだ。

The Borg Museum is commemorating its fiftieth anniversary by honoring its longtime patrons with a special reception.

109	**anniversary**	图 記念日

関 **celebration to commemorate** (記念式典)

since its founding fifty years ago (50年前の設立以来) のような表現と同様、事業が存続している年数を示すサインになる。

110	**longtime**	形 長年の

関 **long-standing** (長年続いている)、**lifelong** (生涯続く)

longtime customer (長年の顧客) のような表現から、その人物が「常連客である」、または「以前に購入したことがある」という選択肢を選ばせる問題が出る。

ボーグ博物館は、特別なパーティーを開催することで長年の利用者を称え、50周年を祝います。

❌ □ **commemorate** 動 ～を記念する
　 □ **honor** 動 ～に敬意を表する
　 □ **patron** 图 利用者
　 □ **reception** 图 宴会、歓迎会

Q. What is indicated about the Borg Museum?
A. It was established five decades ago.

Q. ボーグ博物館について何が述べられていますか。
A. 50年前に設立された。

I want to thank Ms. Smith for serving as our knowledgeable guide during the recent tour of historic landmarks in London.

111 thank 〈人〉for

〈人〉に〜に対して感謝する

類 **be grateful to 〈人〉for** (〈人〉に〜のことで感謝する)
同 **thanks to** (〜のおかげで)
関 **miss** (〜を惜しむ)

forの後ろには、その人が感謝されている理由がくる。その情報から、その人物の職業や役割が推測できることがある。

112 serve as

〜として役に立つ、〜を務める

関 **part of** (〜の一部)

登場人物の役職や経歴を描写する表現。また、物が主語なら、それが果たす役割についての説明になる。

先日のロンドンの歴史的名所ツアーで、知識豊富なガイドを務めてくれたスミスさんに感謝したいと思います。

❌ □**knowledgeable** 形 知識豊富な
□**historic** 形 歴史上重要な
□**landmark** 名 目印となる建物

Q. What most likely did Ms. Smith do?
A. She conducted a tour.

Q. スミスさんはおそらく何をしましたか。
A. ツアーの案内をした。

感謝・関連 ▪ ▪ ▪ ▪ ▪

I appreciate the invaluable experience I have gained through the internship program and express my gratitude to the management for providing such an opportunity.

113	**appreciate**	動 ～に感謝する

類 **value**（～を高く評価する）、**applaud**（～を称賛する、～に拍手を送る）、**commend**（～を称賛する）
関 **welcome**（～を喜んで受け入れる）、**as a token of one's appreciation**（～の感謝のしるしとして）

感謝の対象となっている物・事・行動が正解の手がかり。

114	**express one's gratitude**	感謝の意を表す

類 **show one's appreciation**（感謝の意を表す）
関 **it was a pleasure [privilege] to do**（～できて光栄だった）

感謝を述べるフォーマルな表現。express は show や offer、gratitude は appreciation に置き換え可能。

インターンシップ・プログラムを通じて得た貴重な経験はありがたく、このような機会を与えてくださった経営陣に感謝の意を表します。

❌ □ **invaluable** 形 非常に貴重な
　 □ **gain** 動 ～を得る

Q. What did the writer most likely do recently?
A. He worked as an intern.

Q. 書き手はおそらく最近何をしましたか。
A. インターンとして働いた。

Given the tough market conditions, we are pleased to report a steady growth in our quarterly sales.

115	**given**	前 接 ～を考慮に入れると

類 **considering**（～を考慮すれば、～のわりには）、**in light of**（～を考慮して、～に照らして）

「原料価格の高騰」や「天候不良」など、前提となる条件を導く表現。

116	**pleased**	形 喜んで

類 **excited**（わくわくして）、**thrilled**（ぞくぞくして）、**delighted**（大いに喜んで）、**glad**（うれしい）、**proud**（誇りに思う）

好ましいことを歓迎するフレーズ。後ろに続く to do や that 以下から「何があったのか」、「これから何をするのか」などを読み取ろう。

厳しい市場環境を考慮すると、四半期の売上における安定した伸びを報告できることをうれしく思います。

✕ □ **steady** 形 安定した

Q. What is mentioned about the company's quarterly results?

A. Sales have been increasing consistently.

Q. 会社の四半期の結果について何が述べられていますか。
A. 売上が着実に増加している。

The new production method significantly reduced the number of defects. For this reason, the technique was instrumental in helping us enter the aircraft industry.

117	**reason**	图 理由

関 factor（要因）、element（要素）

物事の理由をダイレクトに問う問題も多い。「Xが起こったのはYがあったから」といった因果関係は常に意識しておこう。

118	**instrumental**	图 助けになる、重要な

類 helpful（役に立つ）、essential（必要不可欠な）、crucial（極めて重大な）
関 key（重要な）、play a part（関わる）

何かを実現するために、人や物が大きく貢献することを表す形容詞。

新しい生産方法は欠陥の数を大幅に減少させました。この理由から、その技術は当社が航空機産業に参入することを助ける上で重要な役割を果たしました。

❌ □**significantly** 圖 著しく
　□**reduce** 圖 ～を減らす
　□**defect** 图 欠陥

Q. Why was the new production method important to the company?
A. It helped reduce defects.

Q. 新しい生産方法は、会社にとってなぜ重要でしたか。
A. 不良品の削減に役立った。

◀ 60

Mr. Henman will **report directly to** the vice president and liaise with sales representatives **regarding** their monthly targets and accomplishments.

119	**report (directly) to**	~に直属する

関 colleague / coworker（同僚）、**on behalf of**（~を代表して）

「XはYに報告する」→「XはYの部下」と理解しよう。「上司」(supervisor) という表現は、選択肢では単に「同僚」と言い換えられることがある。

120	**regarding**	**前** ~に関して

類 concerning / with [in] reference to（~に関して）

マルチパッセージの2つ目ないし3つ目のEメールで、regarding your question（あなたの質問に関して）と添えて回答している場合は、先の文書の中の質問の内容とひも付ければ解ける。

ヘンマンさんは副社長直属の部下で、月間の目標や達成について営業担当者と連絡を取ります。

- □ **liaise with** ~と連絡を取る
  □ **sales representative** 営業担当者
  □ **accomplishment** 名 達成、業績

Q. What is one responsibility of Mr. Henman?
A. Communicating with the sales team

Q. ヘンマンさんの職務の1つは何ですか。
A. 営業チームとコミュニケーションを取ること

感謝・関連 ■ ■ ■ ■ ■

According to the news report, the Wilson Farmers Association is testing out new smart irrigation systems **per its members' request**.

121	**according to**	～によれば、～に応じて

類 **based on**（～に基づいて）

情報源である人や文書などを示す。Part 7の問題文でも多用され、According to the second e-mail（2つ目のEメールによると）のように、参照すべき文書を特定する働きを持つ。

122	**(as) per one's request**	～の依頼によって

関 **in response to**（～に応じて）

誰の依頼や問い合わせがきっかけになったのかという関連性を示す。

ニュース報道によると、ウィルソン農業協同組合は、会員の要望に応じて、新しいスマート灌漑システムを試験しています。

❌ □ **irrigation** 名 灌漑、水を引くこと

Q. Why is the Wilson Farmers Association trying new irrigation systems?
A. It was sought by its members.

Q. ウィルソン農業協同組合はなぜ新しい灌漑システムを試していますか。
A. 会員に要求された。

The aspiring screenwriter was referred to a well-known film production company by his mentor, Franz Becker.

123	be referred to	～に紹介される

関 be introduced to（～に紹介される）

友人や同僚からの紹介で店や業者に連絡を取るというシーンが出る。これは、referral from customers（顧客からの紹介）と表現される。

124	by	前 ～によって

関 through（～を通じて）

a comedy written by Chang（チャンによって書かれた喜劇）という記述があれば、チャンさんは playwright（劇作家）であると推測できる。

その脚本家志望者は、恩師であるフランツ・ベッカーによって有名な映画制作会社に紹介されました。

❌ □ **aspiring** 形 ～志望の
　 □ **mentor** 名 助言者

Q. What is true about Franz Becker?
A. He made a referral to a company.

Q. フランツ・ベッカーについて正しいことは何ですか。
A. 会社に紹介した。

The employee awards dinner was canceled **due to** unforeseen circumstances, but the ceremony will be held to **celebrate** the recipients' achievements.

125	**due to**	前 ～が原因で、～のために

類 **because of / owing to**（～が原因で）
接 **because / since / as**（～なので）

後ろには、low demand（低い需要）のようなネガティブな語句と、popularity（人気）のようなポジティブな語句の両方をとることができる。

126	**celebrate**	動 ～を祝う

関 **in observance of**（〈祝祭日など〉を祝って）

celebrate an anniversary（周年記念を祝う）が、TOEICによく出るセットフレーズ。同僚の retirement（定年退職）を祝うパーティーも頻出。

従業員表彰晩餐会は不測の事態により中止となりましたが、受賞者の業績を称える式典は開催されます。

❌ □ **award** 名 賞
　□ **unforeseen circumstances** 不測の事態
　□ **recipient** 名 受賞者

Q. What is suggested about the ceremony?
A. It will honor some employees.

Q. 式典について何が示唆されていますか。
A. 従業員を表彰する。

Ms. Novotna collaborates effectively with software engineers. Therefore, we recommend that she take over the lead role in the project.

---

127 collaborate with ～と共同で行う

> **関** work closely with（～と緊密に協力する）、join forces with（～と力を合わせる）、together（一緒に）

企業同士が提携する場合や、個人が他部署の社員やフリーランスなどと協力して仕事をする場合に用いられる表現。

128 therefore 副 それゆえ

> **類** as a result（その結果）、thus（したがって）、consequently（その結果として）、accordingly（それに応じて）

直前の文が「原因・前提」、thereforeを含む文が「結果・結論」の関係にある。

ノヴォトナさんはソフトウェアエンジニアとうまく協力しています。したがって、彼女にプロジェクトの主導的な役割を引き継がせることをお勧めします。

✕ □**effectively** 副 効果的に
□**take over** ～を引き継ぐ

Q. What qualification is necessary for the position?
A. Ability to work well with others

Q. どのような資質がその職に必要ですか。
A. 他者とうまく協力する能力

特典・報酬

By joining our loyalty program, you can take advantage of special offers, including a complimentary cake on your birthday.

129	**take advantage of**	~を利用する

関 have an opportunity to do（~する機会を得る）、**offer／provide**（~を提供する）

新しいサービスや特別価格など、読み手にとってお得なものを勧める際に用いられる表現。

130	**complimentary**	形 無料の、優待の

類 free of charge／at no cost（無料で）

complimentary = free は、TOEIC定番の言い換え表現。配送などが「無料」であるかどうかは常にチェックすべきポイント。

当店のお得意様プログラムに加入することによって、お誕生日の無料のケーキを含む特別サービスをご利用いただけます。

✖ □ **loyalty program** お得意様プログラム

Q. What is offered to the loyalty program members?
A. A free dessert

Q. お得意様プログラムの会員には何が提供されますか。
A. 無料のデザート

Our newsletter subscribers receive exclusive coupons that can be redeemed for purchases at discounted rates.

131 exclusive

膠 独占的な、専用の

類 **members-only**（会員制の）

exclusive sale for members（会員専用のセール）のように、会員特典などを表す表現。副詞の exclusively は「独占的に」。

132 discounted rate

割引料金

関 **get ~ percent off**（~パーセントの割引を得る）、**bonus**（特典）、**less**（~を差し引いて）、**reduce**（~を減らす）、**lower**（~を下げる）

どのような条件を満たせば割引料金を利用できるのかがポイント。また、請求書を含むマルチパッセージであれば、実際に割引が適用されたかどうかもチェックしよう。

当店の会報の購読者は、割引での購入に利用できる限定クーポンがもらえます。

◻ **subscriber** 图 定期購読者
◻ **redeem** 勔 ~を現金・商品に換える

Q. What is indicated about the newsletter?
A. It offers special deals.

Q. 会報について何が述べられていますか。
A. 特別サービスを提供する。

特典・報酬

All Daytona vacuum cleaners come with both a two-year warranty and a money-back guarantee within the first 30 days of purchase.

133 warranty
名 品質保証、保証書

例 extended warranty（延長保証）

保証期間は何年間か、製品の登録は必要かなど、ユーザーの立場で知っておきたい情報を確認しよう。当事者になったつもりで、主体的に情報をつかんでまとめることが速読のコツだ。

134 money-back guarantee
返金保証

関 refundable（払い戻し可能な）
反 All sales are final.（返品交換不可）

返品を受け付ける（accept returns）かどうか、受け付けるのであれば返金か交換対応かが要チェックポイント。

すべてのデイトナ掃除機には、2年保証と購入後30日間の返金保証の両方が付いています。

□ vacuum cleaner　電気掃除機

Q. What is NOT included with a Daytona vacuum cleaner purchase?
A. A lifetime warranty

Q. デイトナ掃除機の購入に含まれていないものは何ですか。
A. 永久保証

Guests staying for two nights or longer
are **eligible for** a free breakfast voucher,
which is **valid** at any of our on-site
restaurants.

135	eligible for	～の資格がある

類 **qualified for**（～のための資格を有する）、**entitled to**（～を持つ資格がある）

どのような人が特典を受けられるのかを説明する表現。eligible to do（～する資格がある）の形も取る。

136	valid	形 有効な

類 **good**（有効な）
反 **expired**（期限が切れた）、**invalid**（無効の）

クーポンや入場券、見積書などが有効な期間・範囲を示す表現。valid until [through] June 2（6月2日まで有効な）のように表記される。

2泊以上ご宿泊のお客様には、館内のどのレストランでも有効な無料朝食券を差し上げます。

✕ □**voucher** 名 引換券

Q. What qualifies guests to receive a voucher?
A. Staying for a set number of nights

Q. 宿泊客はどうすれば引換券を受け取る権利が得られますか。
A. 定められた日数分宿泊すること

強調・要点 ■ ■ ■ ■ ■

I just want to **emphasize** that the orientation is important and attendance is mandatory for all new hires regardless of their previous experience.

---

137 just　　　　　　　　　　　　　　副 ちょっと、ただ

類 **simply**（単に、ただ）

「ちょっと」と言いながらも、単刀直入に重要なことを述べることが多い。むしろ要点を述べるサインとして捉えよう。

---

138 emphasize　　　　　　　　　　動 ～を強調する

類 **stress**（～を強調する）、**highlight**（～を目立たせる）
関 **Here is [are]** ～（以下が～です）

書き手や登場人物が強く主張したいことのサイン。名詞を用いた place emphasis on（～を強調する）も同じ。

少し強調しておきたいのですが、オリエンテーションは重要であり、以前の経験に関係なく、すべての新入社員は出席が必須です。

❌ □**regardless of** ～にかかわらず

Q. What is suggested about new hires?
A. Some of them have prior work experience.

Q. 新入社員について何が示唆されていますか。
A. 前職での実務経験を持つ人がいる。

The **only** disappointing part of the museum was the **extremely** limited selection of merchandise available in the gift shop.

---

139 only　　　形 唯一の　副 〜のみ

類 **single**（たった1つの）、**solely**（単に、単独で）、**alone**（1人で、〜だけで）

例えば、by invitation only（招待者のみ）という情報があれば、「そのイベントは一般公開されていない」という正解を導くことができる。

---

140 extremely　　　副 極度に、極めて

例 She has been an extremely valuable asset to our staff.（彼女は当社社員にとって極めて貴重な人材だ）
類 **highly**（非常に、大いに）
関 **significantly / substantially / considerably**（かなり）

veryよりも程度が著しいことを表す語。

その博物館で唯一残念だった部分は、みやげ物店の商品の品揃えが極端に限られていたことでした。

❎ □**disappointing** 形 がっかりさせる
　 □**merchandise** 名 商品

Q. What was the problem with the museum?
A. The variety of items for sale was lacking.

Q. 博物館の問題は何でしたか。
A. 販売される商品の種類が不足していた。

強調・要点 ■ ■ ■ ■ ■

Even the most seasoned analyst, Mr. Murray himself, finds the current fluctuating market challenging.

141	even	副 ～でさえ、さらに

例 even bigger crowd（さらに大勢の観衆）

関 **even if**（たとえ～だとしても）、**even so**（たとえそうでも）

様々な用法があるが、書き手が際立たせたい情報を示すことに変わりはない。

142	oneself	代 自分自身

例 The CEO interviewed the candidate herself.（CEOは自分でその候補者と面接をした）

目的語ではない oneself は、「（ほかの誰でもなく）自分自身で」と強調する用法。

最も経験豊富な分析家であるマリーさん自身でさえ、現在の変動する市場は難しいと感じています。

- □ **seasoned** 形 経験豊富な
- □ **analyst** 名 分析者
- □ **fluctuate** 動 変動する

Q. What is indicated about Mr. Murray?

A. He is uncertain about the present market conditions.

Q. マリーさんについて何が述べられていますか。

A. 現在の市場状況について確信がない。

We believe MTA's localization strategy will yield excellent sales results, **especially** in culturally diverse markets overseas.

143 believe

動 ～を信じる

類 **be sure / be confident** (～ということを確信している)

自分の考えを強く主張したり、本当だと思っていることを表したりする表現。

144 especially

副 特に

類 **particularly** (特に)、**specifically** (特別に、明確に)

「色々ある中で、特にこの点が」と、1つのことを取り上げて強調する表現なので、出題ポイントになりやすい。

MTAの地方分散化戦略は、特に文化的に多様な海外市場において素晴らしい販売実績をもたらすと確信しています。

🗙 □**localization** 名 地方分散化
　□**yield** 動 ～を生み出す、～をもたらす

Q. What is the purpose of MTA's strategy?
A. To increase international sales

Q. MTAの戦略の目的は何ですか。
A. 海外での売上を伸ばすこと

強調・要点

As you know, the project is of a highly confidential nature. This means that access to relevant files will be strictly controlled.

145	**as you know**	ご存知のように

類 as you are aware (お気づきのように)
関 of course (もちろん)、**overall** (全体として)、**by the way** (ところで)

話の前提となる情報を導くサインだが、問題を解いている我々にとっては初耳のことなので、ていねいに読もう。

146	**this means**	これはつまり〜ということを意味する

関 in other words (言い換えれば、つまり)、**for example / for instance** (例えば)

先に述べた状況を受けて、それがもたらす具体的な影響や課題について説明するための表現。

ご存知のように、このプロジェクトは非常に機密性の高いものです。これは、関連するファイルへのアクセスが厳しく管理されることを意味します。

- □ **nature** 名 性質
- □ **relevant** 形 関係のある
- □ **strictly** 副 厳しく

Q. What are the readers warned about?
A. Restricted availability of files

Q. 読み手は何について注意されていますか。
A. 制限されたファイルの利用

RealEZ, one of the nation's **leading** real estate platforms, has launched a new app to **completely** change home-buying practices.

147 leading

形 一流の、最も成功した

類 **major**（主要な、大きな）、**primary**（主要な、最初の）
反 **emerging**（新興の）

一流企業であることを示す表現。the city's leading company（町で最も有力な会社）というケースもあるので、必ずしも大企業とはかぎらない。

148 completely

副 完全に、すっかり

類 **totally**（まったく）、**fully**（完全に、十分に）
関 **absolutely**（絶対に）、**definitely**（間違いなく）

completely free（完全に無料で）や completely agree（完全に同意する）のように強調されている語句は、重要な情報として頭に入れておこう。

全国トップクラスの不動産プラットフォームの1つであるリアルイージーは、住宅購入の慣習をがらりと変える新しいアプリを発表しました。

◯ □ **real estate** 不動産
　□ **practice** 名 慣習

Q. What most likely does RealEZ's software allow users to do?

A. Purchase residential properties

Q. リアルイージーのソフトウェアは、おそらくユーザーに何をすることを可能にしますか。
A. 居住用物件を購入する

特徴・利点 □ □ □ □ □

All of Fitly's locations feature spacious facilities, ample parking, and friendly and attentive instructors and staff.

149	**all**	代 すべて、全部　形 すべての、全部の

関 **every / each**（どの〜も）、**entire**（全体の〜）、**whole**（全部の〜、丸ごとの〜）、**rest**（残りの〜）、**both**（両方、両方の）

例文は、「すべての店舗で提供している」と述べることで、店の特長を強く打ち出している。

150	**friendly**	形 優しい、協力的な

関 **courteous**（ていねいな）、**professional**（職業にふさわしい）、**efficient**（手際がよい、能率的な）

friendlyには「親切な」という意味があるので、選択肢では courteous（思いやりがある）に言い換えられることがある。

フィットリーのすべての店舗には、広々とした設備、十分な駐車スペース、そして親しみやすく気配りのあるインストラクターやスタッフが揃っています。

- □ **feature** 動 〜を特徴とする
- □ **spacious** 形 広々とした
- □ **ample** 形 十分な
- □ **attentive** 形 気配りのある

Q. What feature of the business does the writer emphasize?
A. Helpful staff members

Q. 書き手は事業のどんな特徴を強調していますか。
A. 親切なスタッフ

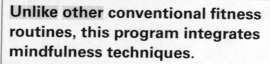

Unlike other conventional fitness routines, this program integrates mindfulness techniques.

---

151 **unlike**　　　　　　　前 〜と違って

例 Unlike our competition, we offer free shipping.（競合他社と違って、当社は無料配送を提供します）

他社や以前のモデルなどとの違いは、注目すべき情報。

---

152 **other**　　　　　　　形 他の　代 他の人・物

関 another（もう1つの、もう1人の）

例えば、Please schedule a team meeting. Sales staff from other branches may participate online.（チーム会議の予定を立ててください。他の支店の営業スタッフはオンライン参加でも構いません）とあれば、読み手も営業チームに所属していると推測できる。

他の従来のフィットネスメニューとは異なり、このプログラムはマインドフルネスの技術を統合しています。

✕ □**conventional** 形 従来の
　□**integrate** 動 〜を統合する
　□**mindfulness** 名 マインドフルネス（現在に意識を集中すること）

Q. How is the program different from others?
A. It addresses mental wellness.

Q. そのプログラムは他とどのように異なりますか。
A. 精神的な健康を扱う。

The patio of this house **overlooks** the Gordon River, **similar** to the other properties in the vicinity of Memphis.

153	**overlook**	動 〜を見渡す

関 **stunning view of**（〜のハッとするような景色）

ある物件について、「窓から海が見渡せる」という記述があれば、その建物は「海に近い」という推測が成り立つ。

154	**similar**	形 似ている

関 **have something in common with**（〜と共通点がいくらかある）、**among**（〜の間に）、**same**（同じ）、**identical**（ほとんど同じ）

他のものとの違いに加え、類似している点も出題ポイントになる。

メンフィスの近隣の他の物件と同様、この家の中庭からはゴードン川が見渡せます。

❎ □**patio** 名 中庭、テラス
□**vicinity** 名 近所

Q. What does the house have in common with the other properties in Memphis?
A. Views of the river

Q. その家とメンフィスの他の物件は何が共通していますか。
A. 川の景色

Linton City's own public transportation system is more reliable than using a car during rush hours.

155	**one's own**	～に属する、～独自の

関 **belong to**（～に所属する）

your own luggage（自分の手荷物）のように物の所有を表すだけでなく、Edmonton's own Marie Evert（エドモントン出身のマリー・エバート）のように人物の出身地や所属も表す。

156	**比較級**	より～な

例 **the larger of the two**（2つのうちの大きい方）
関 **exceed**（～を超える）

「より大きなオフィスへ移転する」や「より適した人物を選ぶ」のように、比較級を用いた表現には変化や意向が込められていることが多い。

リントン市独自の公共交通システムは、ラッシュ時には車を使うよりも信頼できます。

❎ □ **public transportation**　公共交通機関

Q. Why might commuters prefer to use public transportation in Linton City?
A. It is more dependable.

Q. 通勤者はなぜリントン市の公共交通機関を利用することを好むかもしれませんか。
A. より信頼性が高い。

特徴・利点 ■ ■ ■ ■ ■

Juno Foundation is renowned for its largest network of volunteers, making it a powerhouse in local community service.

157	**renowned**	形 有名な

類 **famous**（有名な）、**well-known**（よく知られた）、**well-established**（定評のある）、**recognized**（世間に認められた）、**notable**（注目すべき、著名な）
関 **make a name for oneself**（有名になる）

例えば、ある店について「カレーで最もよく知られている」という記述があれば、「カレーが一番の人気メニュー」と言い換えた正解が可能。

158	**最上級**	最も～な

関 **best of all**（何よりもよいことは）

「最新の店舗であるA店」のような表現は、2種類の正解を導くことができる。1つは「A店は新しい」、もう1つは「店は複数ある」。

ジュノー財団は、最大のボランティア・ネットワークで知られ、地域社会奉仕活動の原動力となっている。

✖ □**powerhouse** 名 原動力

Q. What is indicated about Juno Foundation?
A. It is known for its extensive volunteer base.

Q. ジュノー財団について何が述べられていますか。
A. 広範なボランティア基盤で知られている。

The first chapter of the newly published cookbook presents a different perspective on the issue of calories.

---

159 first

形 最初の

反 last (最後の)

first-time customer (初めての利用客) や、the first location (最初の店舗)、her first role (彼女の最初の役) などは、すべて解答の手がかりになり得る。

---

160 different

形 異なる

関 differ from (〜と異なる)、one of the differences is 〜 (違いの1つは〜だ)、set 〜 apart from... (〜を…から際立たせる)

類似点と相違点に着目することは、問題を手早く解くためのテクニックで、マルチパッセージでも有効なアプローチ。

新しく出版された料理本の第1章は、カロリーの問題に対する異なる視点を提示しています。

◼ □ **publish** 動 〜を出版する
　□ **perspective** 名 観点

Q. What is unique about the book?
A. It provides a fresh viewpoint.

Q. その本のユニークな点は何ですか。
A. 新鮮な視点を提供する。

Our marketing personnel must be comfortable with addressing large audiences and also skilled at conducting webinars.

161	comfortable	形 慣れて

関 **confident**（自信を持って）、**familiar**（よく知っている）

「快適な」だけでなく、仕事などに「慣れている」という意味もある。comfortable with auto repairs（自動車修理に慣れている）のように用いられる。

162	also	副 〜もまた

類 **additionally**（それに加えて）、**moreover**（その上）、**what's more**（おまけに）

alsoやadditionallyが導く情報は、付け加えられた形ではあるが、問題を解く手がかりになることが多い。

当社のマーケティング担当者は、大勢の聴衆に対するスピーチに慣れていて、ウェビナーの運営にも長けていなければなりません。

- □ **personnel** 名 社員、職員
- □ **address** 動 〜に演説する
- □ **conduct** 動 〜を行う

Q. What qualification is necessary for the position?
A. Ability to host webinars

Q. その職に必要な資格は何ですか。
A. ウェビナーを主催する能力

The accounts manager position features a competitive salary and an attractive benefits package.

---

163 feature

動 ~を特徴とする、~を取り上げる
名 特徴

類 **boast** (~を持つことを誇りとする)

製品・サービスの特徴や、イベントの呼び物、契約の利点などを説明する際に用いられる表現。

---

164 competitive

形 競争力のある、他社に負けない

類 **attractive** (魅力的な)

competitive salaries (他社に負けない給与) は給与が高いことを意味する。一方、competitive prices (他社に負けない価格) は価格が低いことを表す。

顧客担当者の職は、他社に負けない給与と魅力的な福利厚生制度が特徴です。

◆ □**account** 名 取引先
　□**benefits** 福利厚生

Q. What is indicated about the position?
A. The compensation is appealing.

Q. その職について何が述べられていますか。
A. 報酬が魅力的である。

特徴・利点 ■ ■ ■ ■ ■ ■

Our subscription package includes diverse publications that cater to various interests.

165	**include**	動 ～を含む

関 **contain**（～を含む、～を入れている）

提供されるサービスの具体的な内容や、職務に含まれるタスクなどを説明する表現。

166	**diverse**	形 多様な

類 **various**（様々な）、**a wide variety of / a broad selection of**（多種多様な）
関 **extensive**（広範囲の）、**comprehensive**（総合的な）

提供される物やサービスが単一的か、バラエティーに富んでいるかは、着目すべき特徴の1つ。

当社の定期購読セットは、様々な関心に応える多様な出版物を含みます。

❌ □ **subscription** 名 定期購読
  □ **publication** 名 出版物
  □ **cater to** ～の要求を満たす

Q. What is a feature of the subscription package?
A. It appeals to people with various interests.

Q. 定期購読セットの特徴は何ですか。
A. 様々な興味を持つ人々に魅力がある。

Please review the attached letter of reference in addition to her résumé and cover letter for details about the candidate's qualifications.

---

167 **attached** 形 添付された

関 **enclosed**（同封された）

Eメールに添付されている場合は attached、手紙に同封されているなら enclosed だ。What is included with the e-mail?（Eメールに何が含まれていますか）と、添付物について直接問う問題も出る。

---

168 **in addition to** ～に加えて

類 **as well as**（～と同様に）、**along with**（～と一緒に）、**alongside**（～に並んで）

いくつかのグレードがあるサービスの特徴は、in addition to all the features of the Basic Plan（ベーシックプランのすべての特徴に加えて）のように説明される。

その候補者の資質についての詳細は、彼女の履歴書とカバーレターに加え、添付の推薦状をご覧ください。

□ **letter of reference** 推薦状
□ **résumé** 名 履歴書
□ **cover letter** 添え状、カバーレター

Q. What is NOT included with the e-mail?
A. A work portfolio

Q. Eメールに含まれていないものは何ですか。
A. 作品集

特徴・利点 ■ ■ ■ ■ ■

The new laptops **come with** high-capacity batteries, **allowing** users to **work** uninterrupted for hours while traveling.

169	**come with**	～が付いている

関 be equipped with（～が装備された）
反 can be ordered separately（別途注文が可能）

レストランでメイン料理を頼めばサラダが付いてくるようなイメージの表現。

170	**allow〈人〉to do**	〈人〉が～することを可能にする、〈人〉が～するのを許可する

類 enable〈人〉to do（〈人〉が～することを可能にする）
関 be guaranteed to（必ず～する）

製品・サービスの機能やメリット、つまり「それを使ったら何ができるのか」を説明する表現。

新しいノートパソコンは、大容量のバッテリーが付いており、ユーザーが移動中でも長時間にわたり途切れることなく仕事をすることを可能にします。

❌ □ **laptop** 名 ノートパソコン
　　□ **high-capacity** 形 大容量の
　　□ **uninterrupted(ly)** 副 途切れずに

Q. What advantage do the new laptops offer for travelers?
A. Extended use without charging

Q. 新しいノートパソコンは旅行者にどのような利点をもたらしますか。
A. 充電なしでの長時間使用

Aero Office specializes in ergonomic furniture for modern office environments, and our best-selling line is the Flex Work Chair.

171 specialize in
～を専門にする

類 **focus on**（～を重点的に取り扱う）
関 **area of expertise**（専門分野）、**dedicated to**（～専用の）、**licensed / certified**（免許を持った）

会社の事業内容や人物の専門分野を示す表現。

172 best-selling
形 ベストセラーの

関 **popular**（人気のある、広く普及した）、**favorite**（お気に入りの）

選択肢では、have sold many copies（多くの冊数を売った）や、very popular（とても人気がある）といった表現で言い換えられる。

エアロオフィスは、現代のオフィス環境のための人間工学に基づいた家具を専門としており、最も売れている製品シリーズはフレックス・ワークチェアです。

- ✕ □**ergonomic** 形 人間工学の
- □**furniture** 名 家具
- □**line** 名 製品群

Q. What is implied about Aero Office?
A. It has multiple lines of products.

Q. エアロオフィスについて何が示唆されていますか。
A. 複数の製品シリーズを持っている。

Donnay Associates, headquartered in Paris, has been in business for 15 years, offering comprehensive consultancy services to an international clientele.

173 headquartered
本社を置いている

類 **based**（拠点を置いた）
関 **family-owned**（家族経営の）

会社については、所在地とオフィスの数、所有者が要チェックポイント。

174 in business
商売をしている

類 **in operation**（運営されて、稼働中で）
関 **establish / found**（〜を設立する）、**founder**（創設者）

会社や店が何年間営業しているかを示す。年数は for more than two decades（20年以上の間）のように、decade（10年間）を用いて表現されることがある。

パリに本社を置くドネイ・アソシエイツは、15年の歴史があり、世界中のお客様に総合的なコンサルタントサービスを提供しています。

🚫 □**comprehensive** 形 包括的な
　□**clientele** 名（集合的に）顧客

Q. What is true about Donnay Associates?
A. It is based in Paris.

Q. ドネイ・アソシエイツについて正しいことは何ですか。
A. パリに本拠地がある。

Having multiple warehouses worldwide enables Regna Company to expedite its international shipping.

175 multiple

形 複数の

関 **many**(多くの)、**several**(いくつかの)、**numerous**(多数の)

例えば、「中古車を扱っているのはA店のみ」という情報も、multiple locations（複数の拠点）があることを示唆する手がかりになる。

176 international

形 国際的な

関 **overseas**（海外の、海外で）
反 **domestic**（国内の）、**nationwide**（全国的な（に））、**throughout the country**（国中で）

副詞を用いた ship internationally（海外発送する）も、サービス内容に関する要チェックの表現。

世界各地に多数の倉庫を持っていることは、レグナ・カンパニーが海外発送を迅速に行うことを可能にします。

❎ □**expedite** 動 〜を早める

Q. What is mentioned about Regna Company?
A. It has more than one location.

Q. レグナ・カンパニーについて何が述べられていますか。
A. 複数の拠点を持っている。

Benson Realty is currently in talks with potential investors to secure additional funding to develop the commercial properties.

177	**additional**	形 追加の

類 **extra**（追加の）
関 **valuable addition**（貴重な追加人員）

通常料金にプラスで additional fee（追加料金）を支払えば宅配が可能になる、というようなサービス内容は要注目。

178	**commercial**	形 商業用の

関 **residential**（住宅の）

賃借人（tenant）や建物の種類を表す。まれだが、他にも industrial（工業の）や government（政府の）がある。

ベンソン不動産は現在、商業用物件を開発するための追加資金を確保するため、潜在的な投資家と交渉中です。

⊗ □ **realty** 名 不動産
　□ **investor** 名 投資家
　□ **secure** 動 ～を確保する

Q. What is most likely true about Benson Realty?
A. It plans to develop commercial buildings.

Q. ベンソン不動産についておそらく正しいことは何ですか。
A. 商業ビルの開発を計画している。

The museum's **unique** collection of artifacts requires **appropriate** preservation methods to maintain their condition.

179	**unique**	形 独特の

関 **distinct**（独特な、別個の）

他にはない際立った特徴があることを示す。uniquely designed（独自の方法でデザインされた）のような副詞用法も同様のニュアンス。

180	**appropriate**	形 適切な、ふさわしい

類 **proper**（適切な）、**right**（適した）

目的や状況に合った選択をすることを要求したり、アドバイスしたりするときに用いられる表現。

博物館の珍しい遺物の所蔵品は、状態を維持するために適切な保存方法を必要とします。

⊠ □ **artifact** 名 遺物
　□ **preservation** 名 保存

Q. What is indicated about the museum's collection?
A. Specific maintenance techniques are required.

Q. 博物館の所蔵品について何が述べられていますか。
A. 特別な手入れの技術が必要である。

Andre's **outstanding** academic performance and excellent **record** of achievements have landed him a scholarship for the prestigious program.

181 outstanding

形 抜群の、目立つ

類 **exceptional**（並外れた）、**excellent**（非常に優れた）

製品やサービス、人の能力や働きなどが優れていることを強調する表現。具体的な能力や成果が挙げられている場合は、問題に絡みやすい。

182 record

名 経歴、成績

例 have a proven track record（実績がある）
関 **testimonial**（推薦文）

recordは「記録」なので、人物の「経歴」も表す。medical recordは「カルテ」で、a record numberなら「記録的な数」だ。

アンドレの抜群の学業成績と優れた実績が、彼に名門コースの奨学金をもたらしました。

□ **land**〈人〉〈物〉　〈人〉に〈物〉を手に入れさせる
□ **scholarship** 名 奨学金
□ **prestigious** 形 名声のある

Q. Why was Andre selected for a scholarship?
A. He was recognized for his exceptional track record.

Q. アンドレはなぜ奨学生に選ばれたのですか。
A. 卓越した実績を認められた。

The workshop space is ideal for artists and craftsmen and is conveniently located in downtown Bristol.

183 ideal

形 理想的な

類 best（ぴったりな）、most suitable（最も適した）

製品・サービスが、誰の、どのようなニーズに適しているかを示す。

184 located

形 位置して、存在して

類 situated（位置して）
関 close to（〜に近い）、near（〜の近くに）、nearby（近くの）、
neighborhood（近所）、vicinity（近辺）、within walking distance
of（〜の徒歩圏内に）、in close proximity to（〜のすぐ近くに）

何の近くにあるかは、その施設の重要な特徴。

その工房スペースは、芸術家や職人にとって理想的で、ブリストルの中心街という便利なところにあります。

◼ □ craftsman 名 職人
□ downtown 形 中心部の

Q. What is mentioned about the workshop space?
A. It is suitable for art creation.

Q. 工房スペースについて何が述べられていますか。
A. 芸術創作に適している。

特徴・利点 ■ ■ ■ ■ ■

The new line of smartphones **comes in** more color options and incorporates an upgraded camera, **which** improves your photography in dark places.

185	**come in**	～で入手できる

関 available（利用できる）

･･･
色やサイズ、セットの個数などにおいてバリエーションがあることを示す表現。

186	**関係詞**	～する、～である

例 Join our weekly class, where you will learn the secrets of Italian cuisine.（イタリア料理の秘訣が学べる毎週のクラスに参加しましょう）

カンマを伴う関係詞節は一見おまけのようだが、解答の手がかりを含むことが多い。カンマで囲まれた同格の挿入句も同様。

例 Centro, the bike producer, has won the award.（バイクメーカーであるチェントロが受賞した）

新しいスマートフォンのラインナップは、より多くの色の選択肢があり、改良されたカメラを取り入れることで、より暗い場所での写真撮影を向上させます。

✕ □**incorporate** 動 ～を取り入れる

Q. What is a feature of the new line of smartphones?
A. Enhanced low-light photography

Q. 新しいスマートフォンのラインナップの特徴は何ですか。
A. 強化された低光量での写真撮影

Even as Evans Clothing diversifies its range of products, all of its garments and accessories will remain environmentally friendly.

---

187 remain 　動 ～のままである

例 We will remain open during construction. (工事中も営業します)
類 stay (～のままである)

環境などの変化にもかかわらず、ある状態が続いていることを示す表現。

---

188 environmentally friendly 　形 環境にやさしい

類 eco-friendly (環境にやさしい)、environmentally responsible (環境に責任を持った)、sustainable (持続可能な)

環境に配慮していることは、事業の特徴の1つ。建築物から梱包材や農作物まで、TOEICには環境にやさしいものがよく登場する。

エヴァンス衣料は製品を多様化しても、すべての衣類やアクセサリーは環境にやさしいままです。

✕ □diversify 動 ～を多様化する
　□garment 名 衣類

Q. What is suggested about Evans Clothing?
A. It has been creating eco-friendly items.

Q. エヴァンス衣料について何が示唆されていますか。
A. 環境にやさしい商品を作り続けている。

The Newport community garden has recently expanded, adding new plots specifically designated for organic horticulture.

| 189 | 現在分詞(-ing) | （補足説明的に）〜して、〜している |

例 The guide will lead the trail, explaining various plants. （ガイドは、様々な植物の説明をし、道を案内します）

文法的には補足する役割だが、意味的には重要。問題を解く上では、現在分詞の働きの厳密な理解は必要はなく、「〜して」のような意味合いで処理すればよい。

| 190 | 過去分詞(-ed) | （補足説明的に）〜されて、〜された |

例 The app developed by interns won an award. （インターンたちによって開発されたアプリが受賞した）

現在分詞と同様、直前の語句に補足説明を加える働きを持つ。過去分詞が修飾する語を意味上の主語と捉え、それが「〜されて」というように解釈しよう。

ニューポートの市民農園は先ごろ、有機園芸用に特定された新しい区画を加えて拡大しました。

- □ **expand** 動 拡大する
- □ **plot** 名 小区画
- □ **horticulture** 名 園芸

Q. What has changed recently at the Newport community garden?
A. It introduced special-purpose spaces.

Q. ニューポートの市民農園で最近何が変わりましたか。
A. 特別な目的のスペースを導入した。

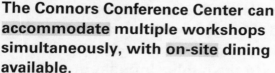

The Connors Conference Center can accommodate multiple workshops simultaneously, with on-site dining available.

191 accommodate

動 ～を収容する、～の場所がある

類 have a capacity of (～の収容能力がある)
関 sizable (かなり大きな)、spacious (広々とした)

イベント会場や会議室は、何人収容できるかが要チェックポイント。収容人数などの要件に基づいて、最も適切な会場を選ばせるマルチパッセージ問題も出る。

192 on-site

形 現場の 副 現場で

類 on the premises (敷地内で)

cafeteria (食堂) や parking (駐車場) などが施設内にあることを示す表現。社内または現場で行う研修は on-site training だ。

コナーズ会議場は、複数のワークショップを同時に開催する場所があり、会場内での食事も利用できます。

▨ □ simultaneously 副 同時に

Q. What is true about the Connors Conference Center?
A. It provides food services.

Q. コナーズ会議場について正しいことは何ですか。
A. 食事サービスを提供している。

Blue Oasis outdoor swimming pool is heated through an environmentally friendly garbage incineration system and is open to the public throughout the year.

193

open to the public

一般に公開されている

関 **make ~ public** (〜を公にする)
反 **private** (非公開の)

施設やイベントに一般客が来場できることを示す。利用料金や座席予約などとともに、案内に記載される情報。

194

throughout the year

一年中

類 **all year round** (一年中)
関 **around the clock** (24時間休みなく)、**seven days a week** (週7日)

throughout the day (一日中) や throughout the trial period (試用期間中ずっと) のように、利用できる期間を示す。

ブルーオアシスの屋外プールは、環境にやさしいごみ焼却システムによって温められ、年間を通して一般に開放されています。

❎ □**garbage** 图 ごみ
　□**incineration** 图 焼却

Q. What is mentioned about the Blue Oasis swimming pool?
A. It is accessible all year.

Q. ブルーオアシス水泳プールについて何が述べられていますか。
A. 一年中利用可能である。

Although the structure is meant to be temporary, it needs to be durable enough to withstand varying weather conditions.

195
temporary

形 一時的な、臨時の

反 **permanent**（永久の、正規の）

新装開店するための temporary closure（一時閉店）や、急な受注の増加に対応するための temporary workers（臨時作業員）などの文脈で用いられる。

196
durable

形 耐久性がある

関 **well-made**（できのよい）、**sturdy**（頑丈な）、**last**（長持ちする）
反 **fragile**（壊れやすい）

lightweight yet durable（軽量ながら丈夫な）のような製品の特徴は要チェック。

この建物は一時的なものとして設計されていますが、様々な天候に耐えうるだけの耐久性がなければなりません。

❎ □ **structure** 名 建造物
　□ **be meant to do** ～することになっている
　□ **withstand** 動 ～に耐える

Q. What is required of the temporary structure?
A. Sufficient durability

Q. 一時的な建物に何が求められていますか。
A. 十分な耐久性

The Laver coworking space rents out state-of-the-art collaborative equipment, including portable projectors and VR headsets to registered members.

197	**state-of-the-art**	形 最先端の、最新式の

類 **cutting-edge**（最先端の）、**modern**（最新式の、現代的な）
反 **historic**（歴史のある、歴史上重要な）

製品や設備が最新式であることを表す形容詞。正解の選択肢では、シンプルに new に言い換え可能。

198	**portable**	形 持ち運びできる、携帯用の

関 **folding**（折りたたみ式の）

projector（プロジェクター）や printer（プリンター）、air purifier（空気清浄機）など の電化製品の特徴としてよく出る。

レイヴァー・コワーキングスペースでは、携帯用プロジェクターやVRヘッドセットを含む最先端のコラボレーション機器を登録会員に貸し出ししています。

▨ □ **rent out** 〜を貸し出す
□ **collaborative** 形 共同の

Q. What is an advantage of the Laver coworking space?
A. Audiovisual equipment can be borrowed.

Q. レイヴァー・コワーキングスペースの利点は何ですか。
A. 視聴覚機器が借りられる。

Our guide is Andrew Roddick, a native and resident of Omaha, who will accompany the tour group through the most scenic routes.

---

199 **native**　　　　　　　　　图 出身者　形 その土地に生まれた、母国語の

例 her native Canada (彼女の母国のカナダ)、a native of Peru (ペルー生まれの人)

関 **local** (地元の)

その地域の出身者がツアーガイドであれば、その土地の文化や歴史に詳しく、魅力的なスポットに連れて行ってくれるだろう。

---

200 **accompany**　　　　　　　　　動 ～に同行する、～に伴う

例 Children must be accompanied by an adult. (子供は大人同伴でなければなりません)

関 **lead** (～を案内する、～を率いる)、**moderate** (～の司会をする)

工場見学ツアーは、社員が同行・案内するのが一般的。

当社のガイドはオマハ出身・在住のアンドリュー・ロディックで、彼がツアーグループを最も景色のよいルートへ案内します。

✕ □ **scenic** 形 景色の素晴らしい

Q. What is true about the tour?
A. It will be led by a local resident.

Q. ツアーについて正しいことは何ですか。
A. 地元の住民が案内する。

第2章
演習問題

◀101 ━ ◀124

Questions 1–3 refer to the following e-mail. 〈 101

```
═══════════════ E-Mail Message ═══════════════

┌─────────────┬─────────────────────────────────────┐
│ To:         │ Maria Rocha                         │
├─────────────┼─────────────────────────────────────┤
│ From:       │ Julio Okamoto                       │
├─────────────┼─────────────────────────────────────┤
│ Date:       │ April 16                            │
├─────────────┼─────────────────────────────────────┤
│ Subject:    │ Draft newspaper ad                  │
├─────────────┼─────────────────────────────────────┤
│ Attachment: │ 🔗 eagle_lassen                     │
└─────────────┴─────────────────────────────────────┘
```

Dear Maria,

Thank you for sending me the advertisement draft for
Lakeville Daily. The design is eye-catching, and I am
confident it will generate interest from prospective
clients, just like your previous work did.

There is a problem, however, with a piece of
information about my sales promotion. The draft states
the start date as March 2, but it should be March 20.
Since revisions are needed, I would also like you to
consider replacing the photo in the draft. I went for a
hike in Lassen Park last week and captured a fantastic
shot of an eagle. Please take a look at the attached file.
Would it be suitable as the picture for the ad?

I will stop by your office to discuss some more ideas
about the ad. Will you be available sometime on
Thursday? That day I will be having a meeting at an
office downtown, which is a block away from yours.
Please let me know if you can fit me in your schedule.

Regards,

Julio

1. What problem is described in the e-mail?

(A) Some material includes the wrong date.
(B) Some details have not been decided.
(C) An attachment cannot be opened.
(D) A photo shoot has been canceled.

2. What is Ms. Rocha asked to do?

(A) Notify Mr. Okamoto when a draft is ready
(B) Confirm whether a picture is usable
(C) Join an upcoming photography session
(D) Change the date of an in-person meeting

3. What does Mr. Okamoto offer to do?

(A) Show a sample advertisement
(B) Contact a potential partner
(C) Visit a downtown location
(D) Extend a sales promotion

> **045 there is a problem with** (問題・懸念)
> **051 however** (問題・懸念)

　問題点については、第2段落に There is a problem, however, with a piece of information about my sales promotion.（しかし、私の販売促進活動についての1つの情報に問題があります）と言及されている。その問題点についての具体的な説明がないので、その次の文に進むと、The draft states the start date as March 2, but it should be March 20.（下書きは開始日を3月2日と記載していますが、それは3月20日であるべきです）とある。これを「資料に間違った日付が含まれている」と表現した (A) が正解。

 2. 正解 (B)

> **006 please** (目的・条件)　　**167 attached** (特徴・利点)
> **027 直接疑問文** (意向・質問)

　第2段落終盤には、Please take a look at the attached file.（添付ファイルを見てください）という依頼がある。さらに、それに続いて Would it be suitable as the picture for the ad?（広告の写真として適切だと思いますか）という疑問文がある。つまり、ロシャさんは添付ファイルの「写真が使えるかどうかを確かめる」ように依頼されているので、正解は (B)。

　この問題は、please を伴う1文だけでは解けず、少なくとも2文は読まないと解けないようになっている。問題文を先に読んで、それに関連しそうな部分だけを検索する解き方では、むしろ行ったり来たりすることになるだろう。長文は正解サインを軸に、線で捉えるように読むことをお勧めする。

062 will do (提案・申し出)

第3段落でオカモトさんは、I will stop by your office to discuss some more ideas about the ad.(広告についてさらにいくつかの考えを話し合うために、あなたのオフィスに立ち寄ります) と述べている。また、同段落で木曜日の都合を聞いたあと、That day I will be having a meeting at an office downtown, which is a block away from yours. (その日は中心街のオフィスで打ち合わせがあり、そこはあなたのオフィスから1ブロックのところなんです) と述べていることから、彼は中心街での用事のついでに、その近辺にあるロシャさんのオフィスを訪問しようとしているとわかる。よって、オカモトさんが申し出ていることは、(C)「中心街にある場所を訪れる」が正解。

頻出重要語 1

- □ **draft** 名 下書き
- □ **ad** (= advertisement) 名 広告
- □ **attachment** 名 添付
- □ **eye-catching** 形 人目を引く
- □ **generate interest** 興味を引き起こす

- □ **promotion** 名 販促活動
- □ **revision** 名 改訂
- □ **stop by** ～に立ち寄る
- □ **supplier** 名 供給業者
- □ **notify** 動 ～に知らせる
- □ **extend** 動 ～を延長する

問題1〜3は次のEメールに関するものです。

宛先：　マリア・ロシャ
差出人：フリオ・オカモト
日付：　4月16日
件名：　新聞広告の下書き
添付ファイル：📎ワシ＿＿ラッセン

マリアさん

レイクヴィル・デイリーの広告下書きを送ってくださりありがとうございます。目を引くデザインなので、以前のあなたの作品がそうしたように、見込み客の関心を引き起こすだろうと確信しています。

しかし、私の販売促進活動についての1つの情報に問題があります。下書きは開始日を3月2日と記載していますが、それは3月20日であるべきです。修正が必要なので、下書きの写真を交換することも検討していただきたいのです。先週、私はラッセン公園へハイキングに行き、ワシの素晴らしい写真を撮りました。添付ファイルを見てください。広告の写真として適切だと思いますか。

広告についてさらにいくつかの考えを話し合うために、あなたのオフィスに立ち寄ります。木曜日のどこかで時間はありますか。その日は中心街のオフィスで打ち合わせがあり、そこはあなたのオフィスから1ブロックのところなんです。あなたの予定に私との面談を入れることができるかどうかお知らせください。

敬具

フリオ

1. どんな問題がこのEメールで述べられていますか。

   (A) 資料に間違った日付が含まれている。
   (B) いくつかの詳細が決まっていない。
   (C) 添付ファイルが開けられない。
   (D) 写真撮影がキャンセルされた。

2. ロシャさんは何をするように頼まれていますか。

   (A) 下書きの準備ができたらオカモトさんに通知する
   (B) 写真が使えるかどうかを確かめる
   (C) 近日中の写真撮影会に参加する
   (D) 対面会議の日付を変更する

3. オカモトさんは何をすると申し出ていますか。

   (A) 広告のサンプルを見せる
   (B) 見込みがあるパートナーに連絡を取る
   (C) 中心街にある場所を訪れる
   (D) 販売促進活動を延長する

To:	Michelle Patel
From:	Vitally Clinic
Date:	1 October
Subject:	Annual health checkup

Dear Ms. Patel,

Regular health screenings are crucial for maintaining your well-being and catching any potential issues early on. As the year comes to a close, consider scheduling your annual health checkup.

Make the most of this year by taking advantage of a new package deal. It includes a comprehensive blood test, cardiovascular assessment, and a consultation with a nutritionist—all for the price of the two individual exams.

Please note that our operating days and hours during December may differ from usual days due to winter holiday celebrations. The year-end period is typically one of our busiest, so we recommend that you book your appointment well in advance to secure a slot that is convenient for you.

To find out more about our service or schedule your appointment, please visit our Web site. If you have any questions, please do not hesitate to call our front desk at 555-0436.

Vitally Clinic
www.vitallyclinic.com

4. What most likely does Vitally Clinic specialize in?

(A) Surgical procedures
(B) Medical examinations
(C) Drug prescription
(D) Physical rehabilitation

5. What is being offered by Vitally Clinic?

(A) A sample kit
(B) A priority reservation
(C) A free examination
(D) A promotional bundle

6. What is indicated about the year-end period?

(A) Test results are not processed quickly.
(B) Package deals are not applicable.
(C) Nutritionists are off duty.
(D) Special hours are implemented.

061 consider doing（提案・申し出）
118 crucial（感謝・関連）

第1段落にconsider scheduling your annual health checkup（毎年の健康診断を予定に入れてみてはいかがでしょうか）という提案がある。このことから、メール差出人のヴァイタリー・クリニックは、健康診断を行う医療機関であると推測できるので、その専門分野は(B)「医療検査」が正解。なお、Regular health screenings are crucial（定期的に人間ドックを受けることは重要です）という冒頭部分も人間ドックの重要性を説いており、解答の手がかりにすることができる。

129 take advantage of（特典・報酬） **087 new**（近況・決定）

第2段落では、Make the most of this year by taking advantage of a new package deal.（今年を最大限に活用するために、新しいセット割引を利用しましょう）と、お得なセットが紹介されている。その次の文はパッケージの詳細説明で、It includes a comprehensive blood test, cardiovascular assessment, and a consultation with a nutritionist—all for the price of the two individual exams.（このプランには、包括的な血液検査、心臓血管評価、そして栄養士との相談が含まれており、これらを個別検査2つの価格で利用できます）と記している。よって、クリニックが提供しているのはお得な価格のセット、つまり (D)「販売促進用セット」だ。

035 Please note (注意・義務)
160 differ from (特徴・利点)

　年末期間については、第3段落に Please note that our operating days and hours during December may differ from usual days due to winter holiday celebrations. (冬季休暇のため、12月中の営業日・営業時間は通常とは異なる場合があることをご了承ください) という注意書きがある。これを言い換えた (D)「特別な営業時間が実施される」が正解。

頻出重要語
2

☐ **health checkup**
　健康診断

☐ **assessment** 　名 査定

☐ **nutritionist** 　名 栄養士

☐ **typically**
　副 通例では、典型的に

☐ **well in advance**
　十分前もって

☐ **secure** 　動 ～を確保する

☐ **procedure** 　名 手順

☐ **prescription**
　名 処方箋、処方薬

☐ **promotional bundle**
　販売促進用セット

☐ **applicable** 　形 適用できる

☐ **off duty** 　勤務外で

問題4～6は次のEメールに関するものです。

宛先： ミシェル・パテル
差出人：ヴァイタリー・クリニック
日付： 10月1日
件名： 年次健康診断

パテル様

定期的に人間ドックを受けることは、あなたの健康を維持し、潜在的な問題を早期に発見するために重要です。年末が近づいていますが、毎年の健康診断を予定に入れてみてはいかがでしょうか。

今年を最大限に活用するために、新しいセット割引を利用しましょう。このセットには、包括的な血液検査、心臓血管評価、そして栄養士との相談が含まれており、これらを個別検査2つの価格で利用できます。

冬季休暇のため、12月中の営業日・営業時間は通常とは異なる場合があることをご了承ください。年末は通常、最も混雑する時期ですので、ご都合のよい時間帯を確保するため、十分前もってご予約されることをお勧めします。

当クリニックのサービスについて詳しく知りたい場合や、ご予約をされる場合は、ウェブサイトをご覧ください。ご質問がございましたら、遠慮なくフロントデスク（555-0436）までお電話ください。

ヴァイタリー・クリニック
www.vitallyclinic.com

4. ヴァイタリー・クリニックはおそらく何を専門としていますか。

   (A) 外科手術
   (B) 医療検査
   (C) 薬の処方
   (D) 身体リハビリテーション

5. ヴァイタリー・クリニックは何を提供していますか。

   (A) 試供品セット
   (B) 優先予約
   (C) 無料検査
   (D) 販売促進用セット

6. 年末期間について述べられていることは何ですか。

   (A) 検査結果はすぐには処理されない。
   (B) セット割引は適用されない。
   (C) 栄養士は勤務していない。
   (D) 特別な営業時間が実施される。

Questions 7–9 refer to the following Web page.

https://www.fridgemates.com.au

Fridge Mates: Your Ultimate Gasket Solution

Operating a busy kitchen or food service requires focus on myriad details. We at Fridge Mates understand that refrigerator gaskets are taken for granted unless there is an issue. While they may seem like minor components and rarely attract attention, inferior gaskets can cause big problems without you even noticing.

We are experts in designing, manufacturing, and installing high-quality commercial refrigerator gaskets. For the past 15 years, we have been recognized for the excellent quality of our products. Our custom-made gaskets are crafted to outperform original equipment. Our products undergo rigorous testing to meet industry standards, guaranteeing that they offer exceptional durability. Numerous food service operators have reported a noticeable reduction in energy costs after switching to our products.

Another reason we are a customer favorite is our satisfaction guarantee. If you are not completely satisfied with our service, not only will we return your money, but we will also remove our gasket and reinstall your old one at no cost to you.

To minimize the risks of spoiled food, failed inspections, and unnecessary energy costs, think about upgrading to our gaskets. To learn more, please call us today at 555-0191.

7. What problem with refrigerator gaskets is mentioned?

(A) They are difficult to install.
(B) They are not included with refrigerators.
(C) They are easily overlooked.
(D) They are not covered by warranty.

8. What is Fridge Mates known for?

(A) Convenient locations
(B) Rapid installation
(C) High-quality products
(D) Competitive pricing

9. What is offered by Fridge Mates?

(A) A quarterly inspection
(B) A money-back guarantee
(C) Online customer support
(D) Discounts on bulk orders

| 051 | while (問題・懸念) | 007 | unless (目的・条件) |

　冷蔵庫のパッキンについては、第1段落でWhile they may seem like minor components and rarely attract attention (ささいな部品のように思われ、注目されることも少ないかもしれませんが) と問題点が指摘されている。つまり、パッキンは「見過ごされやすい」と述べられているので、(C)が正解。また、同段落のrefrigerator gaskets are taken for granted unless there is an issue (冷蔵庫のパッキンは問題がない限り、当たり前のように扱われる) という文も解答の手がかりになる。

| 101 | 現在完了・継続 (過去・経験) | | |
| 157 | recognized (特徴・利点) | 181 | excellent (特徴・利点) |

　フリッジ・メイツという会社については、第2段落でFor the past 15 years, we have been recognized for the excellent quality of our products. (過去15年間、私たちの製品は優れた品質で認められてきました) と紹介されている。つまり、この会社は「高品質な製品」で知られているので、(C)が正解。

| 152 | another (特徴・利点) | 117 | reason (感謝・関連) |

　フリッジ・メイツのサービスについては、第3段落にAnother reason we are a customer favorite is our satisfaction guarantee. (私たちがお客様に気に入られているもう1つの理由は、満足

の保証です）と述べられている。その詳細については、それに続く文でIf you are not completely satisfied with our service, not only will we return your money, but we will also remove our gasket and reinstall your old one at no cost to you. （私たちのサービスに完全にご満足いただけない場合は、返金するだけでなく、私たちのパッキンを取り外し、古いものを無料で再取り付けします）と説明されている。よって、フリッジ・メイツが提供しているのは、(B)「返金保証」だ。

頻出重要語
3

□ **operate** 動 ～を営業する

□ **refrigerator** 名 冷蔵庫

□ **take ～ for granted**
～を当たり前とみなす

□ **component** 名 部品

□ **inferior** 形 粗悪な

□ **commercial** 形 商用の

□ **custom-made** 形 特注の

□ **craft** 動 ～を巧みに作る

□ **outperform**
動 ～を上回る

□ **rigorous** 形 厳格な

□ **noticeable** 形 顕著な

□ **minimize**
動 ～を最小限にとどめる

□ **inspection** 名 検査

□ **rapid** 形 素早い

□ **bulk order** 大口発注

問題7〜9は次のウェブページに関するものです。

https://www.fridgemates.com.au

フリッジ・メイツ：パッキンの究極の答え

多忙な厨房やフードサービスを運営するには、無数の細かい点に注意を払う必要があります。私たちフリッジ・メイツは、冷蔵庫のパッキンは問題がない限り、当たり前のように扱われることを理解しています。ささいな部品のように思われ、注目されることも少ないかもしれませんが、粗悪なパッキンは気づかないうちに大きな問題を引き起こすことがあります。

私たちは、高品質の業務用冷蔵庫のパッキンの設計、製造、取り付けの専門家です。過去15年間、私たちの製品は優れた品質で認められてきました。私たちの特注のパッキンは、元々付いていたものを上回る性能を持つように作られています。私たちの製品は、業界規格に適合すべく、厳格なテストを受けており、並外れた耐久性を提供することを保証します。数多くのフードサービス事業者が、私たちの製品に切り替えた後、光熱費に顕著な低減があったことを報告してくれています。

私たちがお客様に気に入られているもう1つの理由は、満足の保証です。私たちのサービスに完全にご満足いただけない場合は、返金するだけでなく、私たちのパッキンを取り外し、古いものを無料で再取り付けします。

食品の腐敗や検査の不合格、不必要な光熱費のリスクを最小限に抑えるために、私たちのパッキンにアップグレードすることをお考えください。詳しく知りたい場合は、すぐに私たちにお電話ください（555-0191）。

7. 冷蔵庫のパッキンに関してどんな問題が述べられていますか。

    (A) 取り付けが難しい。
    (B) 冷蔵庫に付いてこない。
    (C) 見過ごされやすい。
    (D) 保証の対象でない。

8. フリッジ・メイツは何で知られていますか。

    (A) 便利な立地
    (B) 迅速な設置
    (C) 高品質な製品
    (D) 競争力のある価格

9. フリッジ・メイツによって何が提供されていますか。

    (A) 四半期ごとの検査
    (B) 返金保証
    (C) オンラインのお客様サポート
    (D) 大口発注に対する割引

| E-Mail Message |

From: Priya Kumar <priya.k@leanmail.com>
To: Ben Stone <ben.stone@poweron.co.uk>
Date: 10 March
Subject: Request for carpet installation
Attachment: 📎 measurements

Dear Mr. Stone,

I have recently acquired an apartment in Paddington and would like to inquire whether you could install new carpets. I am contacting you because I came across your online portfolio and was impressed with the quality of your installations.

For this apartment, I am interested in durable, low-maintenance carpets that will match the beige wallpaper in the living room. Do you have any recommendations based on these criteria? The building has specific guidelines for renovations; work is restricted to the hours of 9:00 A.M. to 5:00 P.M., from Monday to Friday. I will need to have the installation completed by the end of this month so that I can start showing the apartment to prospective tenants next month.

Please find the attachment for the measurements of the required carpets. Could you kindly provide an estimate of the time and cost required for this project? Your prompt attention to this request would be greatly appreciated. Thank you for considering this job, and I look forward to your response.

Best regards,

Priya Kumar

10. Why did Ms. Kumar contact Mr. Stone?

(A) To introduce a construction worker
(B) To provide a status update
(C) To request details about a property
(D) To inquire about some services

11. What requirement is mentioned in the e-mail?

(A) All carpets should be colored beige.
(B) A site inspection should be conducted first.
(C) Work must be performed during the daytime.
(D) Materials must be fully recyclable.

12. What does Ms. Kumar need to do in April?

(A) Begin a renovation project
(B) Take a vacation
(C) Give tours of a property
(D) Extend a service agreement

> **091 recently** (近況・決定)
> **017 would like to do** (意向・質問)

　Eメールの冒頭で、クマールさんは I have recently acquired an apartment in Paddington and would like to inquire whether you could install new carpets. (私は最近パディントンにアパートを手に入れ、あなたに新しいカーペットを敷いてもらえるかどうかお尋ねしたいのです) と用件を述べている。これをシンプルに要約した (D)「サービスについて問い合わせるため」が正解。

> **015 restricted to** (目的・条件)

　施工に関する詳細は第2段落に述べられている。work is restricted to the hours of 9:00 A.M. to 5:00 P.M., from Monday to Friday (作業は月曜日から金曜日の午前9時から午後5時までに制限されています) とあり、工事可能な時間が限られていることが述べられている。よって、正解は (C)「作業は日中に行わなければならない」。

　同段落に「リビングルームのベージュの壁紙に合うカーペット」という要望はあるが、「すべてのカーペットはベージュ色であるべきだ」とは述べられていないので、(A) は適切ではない。「現場視察」も行われるかもしれないが、まずやるべきなのは、第3段落で依頼されている「時間と費用の見積もりを出してもらうこと」なので、(B)も不適切。

---

031 need to do（注意・義務）　　010 so that（目的・条件）

第2段落後半でクマールさんは、I will need to have the installation completed by the end of this month so that I can start showing the apartment to prospective tenants next month.（来月からアパートを入居希望者に見学してもらえるように、今月末までに設置を完了してもらう必要があります）と事情を説明している。Eメールの日付が「3月10日」なので、「来月」とは「4月」のことであるとわかる。これらの情報をかけ合わせると、クマールさんが4月にする必要があることは、(C)「物件を見学させる」。

頻出重要語 4

- □ **acquire** 動 〜を得る
- □ **install** 動 〜を設置する
- □ **come across** 〜に出くわす
- □ **portfolio** 名 作品集、見本
- □ **impress** 動 〜に感銘を与える
- □ **renovation** 名 改装
- □ **work** 名 工事

- □ **complete** 動 〜を完了する
- □ **estimate** 名 見積もり
- □ **prompt** 形 迅速な
- □ **construction** 名 建設
- □ **property** 名 物件、不動産
- □ **inquire about** 〜について問い合わせる
- □ **site inspection** 現場視察
- □ **material** 名 材料

問題10～12は次のEメールに関するものです。

差出人：プリヤ・クマール < priya.k@leanmail.com>
宛先：　ベン・ストーン <ben.stone@poweron.co.uk>
日付：　3月10日
件名：　カーペット設置の依頼
添付：　🔗 寸法

ストーンさん

私は最近パディントンにアパートを手に入れ、あなたに新しいカーペットを敷いてもらえるかどうかお尋ねしたいのです。あなたのウェブ上の施工例を見て、設置工事の品質に感銘を受けたので、連絡を取っています。

このアパートには、リビングルームのベージュの壁紙に合い、耐久性があり、手入れが簡単なカーペットが欲しいのです。これらの基準に基づいて、何かおすすめのものはありますか。その建物には改装に関する特定のガイドラインがあり、作業は月曜日から金曜日の午前9時から午後5時までに制限されています。来月からアパートを入居希望者に見学してもらえるように、今月末までに設置を完了してもらう必要があります。

必要なカーペットの寸法は添付をご覧ください。このプロジェクトに必要な時間と費用の見積もりを出してもらうことはできますか。この依頼に迅速な対応いただけたら、大変感謝します。この仕事を検討していただきありがとうございます。お返事を楽しみにしています。

敬具

プリヤ・クマール

10. クマールさんはなぜストーンさんに連絡しましたか。

   (A) 建設作業員を紹介するため
   (B) 進捗状況を伝えるため
   (C) 物件についての詳細を求めるため
   (D) サービスについて問い合わせるため

11. E メールで述べられている要件は何ですか。

   (A) すべてのカーペットはベージュ色であるべきだ。
   (B) 現場視察がまず行われるべきだ。
   (C) 作業は日中に行わなければならない。
   (D) 資材は完全にリサイクル可能でなければならない。

12. クマールさんが4月にする必要があることは何ですか。

   (A) 改装プロジェクトを始める
   (B) 休暇を取る
   (C) 物件を見学させる
   (D) 役務契約を延長する

Questions 13–15 refer to the following advertisement.

⏴ 105

Your Gateway to Flexible Healthcare Careers

Finding the perfect healthcare job to suit your lifestyle can be challenging. Guardian Agency is here to help. As the go-to agency for temporary healthcare staffing, we specialize in offering medical professionals an excellent work-life balance. This is especially beneficial for those who are balancing their career with other commitments, such as caring for family members. Whether you are a seasoned nurse or a novice health professional, we have a position for you.

We recently conducted a survey with fantastic results. Our registered professionals highly appreciate our attentive service and the variety of job opportunities available. Your satisfaction is our top priority, and we continually seek ways to meet your needs.

Our new mobile app gives you the ability to browse through job listings, manage your shifts, and even clock in and out, right at your fingertips. This app is designed with your busy lifestyle in mind and is ideal for those who are constantly on the move.

Choose a temporary role that allows you to set your own schedule, earn competitive pay, and gain valuable hands-on experience. To discover more about what we can offer you, simply click the "Contact Us" icon below. Our dedicated recruiters will be in touch with you shortly.

Contact Us

---

13. According to the advertisement, what is an advantage of registering with Guardian Agency?

(A) It provides a generous benefits package.
(B) It assigns a qualified career consultant.
(C) It offers on-site training sessions.
(D) It allows room for family responsibilities.

14. What is indicated about Guardian Agency?

(A) It has received high marks for staff care.
(B) It specializes in long-term nursing positions.
(C) It has established a thorough application process.
(D) It primarily hires recent graduates.

15. What is a feature of the mobile application?

(A) Online patient consultations
(B) Remote health record access
(C) Emergency alert notifications
(D) Time reporting capabilities

144 especially（強調・要点）　　**186** 関係詞（特徴・利点）

　ガーディアン・エージェンシーのサービスについては、第1段落に we specialize in offering medical professionals an excellent work-life balance（医療の専門家に優れたワークライフバランスを提供することに特化しています）と説明されている。それがもたらす具体的な利点については、その続きで This is especially beneficial for those who are balancing their career with other commitments, such as caring for family members.（これは、家族の世話などの他の責任と仕事を両立している方にとって、特に有益です）と述べられている。よって、この業者に登録する利点としては、(D)「家族のための余地を残す」が正解。

091 recently（近況・決定）　　**140** highly（強調・要点）
113 appreciate（感謝・関連）

　第2段落では、We recently conducted a survey with fantastic results.（私たちは最近、アンケート調査を行い、素晴らしい結果を得ました）という近況が触れられている。その次の文にも、Our registered professionals highly appreciate our attentive service and the variety of job opportunities available.（当社の登録者は、私たちの気配りのあるサービスと応募できる仕事の豊富さを高く評価しています）とあることから、この会社は「スタッフのケアに関して高い評価を受けている」とわかるので、正解は(A)。

087 new（近況・決定）　**141** even（強調・要点）

　モバイルアプリケーションについては、第3段落にOur new mobile app gives you the ability to browse through job listings, manage your shifts, and even clock in and out, right at your fingertips.（新しいモバイルアプリでは、求人リストの閲覧や、シフトの管理、さらには出勤・退勤の打刻も、とても簡単に行うことができます）と述べられている。ここで挙げられた3つ目の機能に該当する (D)「時間報告機能」が正解。

頻出重要語
5

□ **challenging**
　形 困難だがやりがいのある
□ **commitment**
　名 責任、義務
□ **seasoned**　形 経験豊富な
□ **novice**　形 初心者の
□ **conduct a survey**
　アンケート調査を行う
□ **earn**　動 ～を稼ぐ
□ **gain**　動 ～を手に入れる
□ **hands-on**　形 実地での
□ **dedicated**　形 熱心な

□ **generous**
　形 気前のよい、寛大な
□ **benefits**　福利厚生手当
□ **qualified**
　形 資格を持った、有能な
□ **room**　名 余地
□ **thorough**　形 綿密な
□ **primarily**　副 主に
□ **patient**　名 患者
□ **emergency alert notification**　緊急警報通知
□ **capability**　名 機能

問題13〜15は次の広告に関するものです。

柔軟な医療キャリアへの入り口

自分のライフスタイルに合った完璧な医療の仕事を見つけるのは難しいかもしれません。ガーディアン・エージェンシーがそれをお手伝いします。私たちは信頼できる医療人材派遣の業者として、医療の専門家に優れたワークライフバランスを提供することに特化しています。これは、家族の世話などの他の責任と仕事を両立している方にとって、特に有益です。あなたが経験豊富な看護師であろうと、初心者の医療専門家であろうと、あなたに合ったポジションを用意しています。

私たちは最近、アンケート調査を行い、素晴らしい結果を得ました。当社の登録者は、私たちの気配りのあるサービスと応募できる仕事の豊富さを高く評価しています。あなたの満足が私たちの最優先事項であり、常にあなたのニーズに応える方法を模索していきます。

新しいモバイルアプリでは、求人リストの閲覧や、シフトの管理、さらには出勤・退勤の打刻も、とても簡単に行うことができます。このアプリは、忙しいライフスタイルを考慮して設計されており、常に活発に活動されている方に最適です。

自分で自分のスケジュールを設定し、高い給与を得て、貴重な実務経験を積むことができるパートタイムの仕事を選びましょう。私たちが提供できることについてもっと知りたい場合は、以下の「問い合わせ」ボタンをクリックするだけで結構です。私たちの熱心なリクルーターからすぐにご連絡いたします。

問い合わせ

13. 広告によると、ガーディアン・エージェンシーに登録する利点は何ですか。

   (A) 手厚い福利厚生制度を提供する。
   (B) 資格を持ったキャリアコンサルタントを割り当てる。
   (C) 現場研修の機会を提供する。
   (D) 家族のための余地を残す。

14. ガーディアン・エージェンシーについて述べられていることは何ですか。

   (A) スタッフのケアに関して高い評価を受けている。
   (B) 長期的な看護職を専門としている。
   (C) 綿密な申請プロセスを確立している。
   (D) 主に新卒者を雇用している。

15. モバイルアプリケーションの特徴は何ですか。

   (A) オンラインでの患者相談
   (B) カルテへの遠隔接続
   (C) 緊急警報通知
   (D) 時間報告機能

◀ 106

VENTI AIR COMPRESSOR USER INSTRUCTIONS

Safety Precautions

Before operating, read the entire manual for your safety. Safety goggles and hearing protection must be worn, and it is important to ensure that children and pets are not in the work area. Proper attire, such as closed-toe shoes, is also recommended.

Getting Started

First, plug the air compressor into an electrical outlet. Make sure the power source is grounded. For models requiring lubrication, checking the oil level and refilling as necessary are key steps.

Operating Instructions

With the device plugged in, connect your air hose to the compressor's air outlet and ensure there are no leaks. Next, select an appropriate attachment— either a nail gun, paint sprayer, or cleaning nozzle. Be sure to use one that comes with your air compressor, and attach it to the other end of the hose.

Maintenance

Prolonging the life of your air compressor requires regular maintenance. This includes tasks like checking and changing the oil if your model is oil-lubricated, draining the air tank to eliminate condensation, and checking the condition of the air filters and replace them as needed.

16. What are users instructed to do when using the air compressor?

(A) Fully charge the unit
(B) Wear protective equipment
(C) Run a test cycle
(D) Find a level surface

17. What is stated about attachments?

(A) They are included with the product.
(B) They must be assembled in advance.
(C) They need to be custom-made.
(D) They are resistant to breakage.

18. What is one recommendation about maintenance?

(A) Replace old batteries
(B) Examine oil regularly
(C) Monitor machine temperature
(D) Apply anti-rust paint

031 must do（注意・義務） **037 wear（注意・義務）**

Safety Precautions（安全上の注意）という見出しが付いた第1段落には、エアコンプレッサーの取り扱い上の注意として、Safety goggles and hearing protection must be worn（安全ゴーグルと聴力保護具を着用する必要がある）という記述がある。つまり、ユーザーは「防護具を着用する」よう指示されているので、(B) が正解。

030 be sure to do（注意・義務） **169 come with（特徴・利点）**

Operating Instructions（操作説明）に関する第3段落には、エアコンプレッサーのアタッチメントについて、Be sure to use one that comes with your air compressor（必ずエアコンプレッサーに付属しているものを使用してください）という注意事項が記されている。このことから、アタッチメントは「製品に含まれている」と推測できるので、正解は(A)。

165 include（特徴・利点）

Maintenance（メンテナンス）に関する第4段落では、まず regular maintenance（定期的なメンテナンス）が必要であると述べられている。その詳細については、This includes tasks like checking and changing the oil if your model is oil-lubricated...（これは、モデルがオイル潤滑式の場合はオイルの確

認と交換...を含みます)とある。これらの情報をかけ合わせると、「定期的にオイルを確認する」ことが提案されているとわかるので、正解は(B)。

　機械系のトピックに慣れていないと、このタイプの長文は読むのが辛いはず。苦手なジャンルが出たときこそ、正解サインを活用し、重要なポイントに意識を集中してざっと読み進めよう。

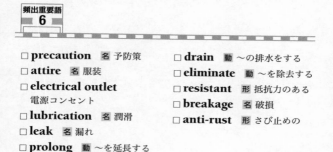

頻出重要語
6

□ **precaution** 名 予防策

□ **attire** 名 服装

□ **electrical outlet**
　電源コンセント

□ **lubrication** 名 潤滑

□ **leak** 名 漏れ

□ **prolong** 動 〜を延長する

□ **drain** 動 〜の排水をする

□ **eliminate** 動 〜を除去する

□ **resistant** 形 抵抗力のある

□ **breakage** 名 破損

□ **anti-rust** 形 さび止めの

問題16〜18は次の説明書に関するものです。

ヴェンティ・エアコンプレッサー使用説明書

安全上の注意

操作を始める前に、あなたの安全のためにこのマニュアル全体を読んでください。安全ゴーグルと聴力保護具を着用する必要があり、作業エリアに子供やペットがいないことを確認することも重要です。つま先が閉じた靴などの適切な服装をすることも推奨されます。

始め方

まず、エアコンプレッサーを電源コンセントに差し込みます。電源が接地されていることを確認してください。潤滑が必要なモデルの場合は、オイルレベルを確認し、必要に応じて補充することが重要なステップです。

操作説明

機器を電源に差し込んだら、エアホースをコンプレッサーの吹出口に接続し、漏れがないことを確認します。次に、適切なアタッチメントを釘打ち機、塗装スプレー、またはクリーニングノズルのいずれかから選択します。必ずエアコンプレッサーに付属しているものを使用し、ホースのもう一方の端に取り付けてください。

メンテナンス

エアコンプレッサーの寿命を延ばすためには、定期的なメンテナンスが必要です。これは、モデルがオイル潤滑式の場合はオイルの確認と交換、凝縮水を除去するためのエアタンクの排水、エアフィルターの状態の確認と必要に応じた交換を含みます。

16. エアコンプレッサーを使用する際に、ユーザーが指示されていることは何ですか。

    (A) ユニットを完全に充電する
    (B) 防護具を着用する
    (C) テストサイクルを実行する
    (D) 水平な表面を見つける

17. アタッチメントについて述べられていることは何ですか。

    (A) 製品に含まれている。
    (B) 事前に組み立てられなければならない。
    (C) 特別発注される必要がある。
    (D) 破損に対する耐性がある。

18. メンテナンスに関する1つの提案は何ですか。

    (A) 古いバッテリーを交換する
    (B) 定期的にオイルを確認する
    (C) 機械の温度を監視する
    (D) 防錆塗料を塗る

MEMO

To: All Spectra Global Staff and Partners
From: Chris Simpson, Chief Executive Officer
Subject: Celebrating Our Recent Award Win
Date: June 23

Today we were informed of our selection for the Best Event Planner Award for this year. This accolade is not only a testament to our company's expertise but also to the dedication and hard work of every single one of you.

For more than two decades, Spectra Global has been serving the industry with unparalleled service in organizing trade shows, corporate events, and other significant occasions. Our longstanding commitment to excellence would not be possible without our devoted on-site crew members who go above and beyond to make every event a success. Your tireless work is the backbone of this company, and we are truly grateful for your contributions.

We also want to thank our incredible administrative staff for their dedication in preparation for this year's Frankfurt Show. The hours you spent staying late at the office in March were instrumental in the success of the event. Your hard work certainly helped us win this award.

Our gratitude extends to our invaluable partners. Your collaboration has enabled us to take our services to the next level and achieve significant milestones in the industry. Thank you for standing by us and believing in our vision. Here's to more successful years ahead!

19. What is the main purpose of the memo?

(A) To announce upcoming events
(B) To call for award nominations
(C) To outline the company's new policies
(D) To report a recent achievement

20. What is indicated about Spectra Global?

(A) It specializes in in-person corporate training.
(B) It has been in business for over twenty years.
(C) It has recently expanded its services.
(D) It has changed its management team.

21. What is suggested about the administrative staff?

(A) They helped to organize a show in March.
(B) They are new hires to the company.
(C) They traveled to a venue in Frankfurt.
(D) They are eligible for a bonus.

093 inform〈人〉of（近況・決定）

冒頭に Today we were informed of our selection for the Best Event Planner Award for this year.（本日、我が社が今年の最優秀イベントプランナー賞に選ばれたとの知らせを受けました）と述べられている通り、連絡メモの主なトピックは会社の受賞である。それ以降も、この受賞につながったスタッフやパートナーへの感謝が続くことから、この文書の目的は、(D)「最新の達成を報告すること」が正解。Celebrating Our Recent Award Win（最新の受賞を祝って）という件名も解答の手がかりになる。

102 for（過去・経験）　　101 現在完了・継続（過去・経験）

受賞したスペクトラ・グローバル社については、第2段落に For more than two decades, Spectra Global has been serving the industry（20年以上にわたり、スペクトラ・グローバルは業界にサービスを提供してきました）と記されている。decade は「10年間」なので、(B)「20年以上事業を行っている」が正解。

162 also（特徴・利点）　　111 thank〈人〉for（感謝・関連）

管理スタッフについては、第3段落に We also want to thank our incredible administrative staff for their dedication in preparation for this year's Frankfurt Show. (また、今年のフランクフルト・ショーの準備に尽力してくれた素晴らしい管理スタッフにも感謝します) と述べられている。また、その次の文に The hours you spent staying late at the office in March were instrumental in the success of the event. (3月にオフィスで遅くまで過ごしてくれた時間が、イベントの成功の助けになりました) とあるので、彼らは3月のフランクフルト・ショーのために残業したことがわかる。これらの記述から、管理スタッフが「3月のショーの企画を手伝った」とする (A) が正解。「オフィスで」残業したとはあるが、「フランクフルトの会場に行った」という記述はないので、(C) は適切ではない。

頻出重要語 7

□ **expertise** 名 専門知識

□ **decade** 名 10年間

□ **unparalleled** 形 並ぶもののない

□ **trade show** 展示会

□ **longstanding** 形 長年にわたる

□ **tireless** 形 疲れを知らない

□ **contribution** 名 貢献

□ **administrative** 形 管理の

□ **invaluable** 形 非常に貴重な

□ **milestone** 名 重大な段階

□ **call for** ~を要求する

□ **nomination** 名 推薦、候補者

□ **outline** 動 ~の要点を述べる

□ **venue** 名 会場

問題19～21は次の連絡メモに関するものです。

連絡メモ

宛先：　スペクトラ・グローバル全スタッフおよびパートナー
差出人：クリス・シンプソン、最高経営責任者
件名：　最新の受賞を祝って
日付：　6月23日

本日、我が社が今年の最優秀イベントプランナー賞に選ばれたとの知らせを受けました。この栄誉は、私たちの専門知識の証であると同時に、皆さん一人ひとりの献身と努力の証でもあります。

20年以上にわたり、スペクトラ・グローバルは、展示会や企業イベント、その他重要な行事の運営において並ぶもののないサービスを業界に提供してきました。当社の長年にわたる優れたサービスへのこだわりは、あらゆるイベントを成功させるために尽力してくれる献身的な現場スタッフなしには成し得ませんでした。皆さんの疲れを知らない働きぶりが、我が社の基盤であり、私たちは皆さんの貢献に本当に感謝しています。

また、今年のフランクフルト・ショーの準備に尽力してくれた素晴らしい管理スタッフにも感謝します。3月にオフィスで遅くまで過ごしてくれた時間が、イベントの成功の助けになりました。皆さんの懸命な働きが、我が社にこの賞を受賞させたにちがいありません。

我が社にとって貴重なパートナーの皆さんにも感謝します。皆さんの協力により、私たちはサービスのレベルを高め、業界における重要な成果を達成することができました。私たちを支え、私たちが目指す理想を支持してくださってありがとうございます。これからもさらなる活躍の年が続くことを！

19. この連絡メモの主な目的は何ですか。

    (A) 今後のイベントを発表すること
    (B) 受賞候補者を募集すること
    (C) 会社の新しい方針の要点を述べること
    (D) 最新の達成を報告すること

20. スペクトラ・グローバルについて何が述べられていますか。

    (A) 対面式の企業研修を専門としている。
    (B) 20年以上事業を行っている。
    (C) 最近サービスを拡大した。
    (D) 経営陣を変更した。

21. 管理スタッフについて何が示唆されていますか。

    (A) 3月のショーの企画を手伝った。
    (B) 会社の新入社員である。
    (C) フランクフルトの会場に行った。
    (D) ボーナスをもらう資格がある。

To Our Valued Stakeholders,

Thank you for your continued support and investment in our business. As part of our ongoing commitment to environmental and corporate responsibility, the board of directors has decided to digitize our investor relations documents, commencing from the next fiscal year. Starting from January, all financial statements, annual reports, and other relevant documentation will be posted on a dedicated Web site instead of being sent by conventional mail.

For this purpose, we are excited to announce the launch of our new investors' portal. Through this Web site, you will have the opportunity to view live streams of our shareholders' meetings and gain immediate access to all investor relations materials. This will further enhance transparency and engagement between the company and its investors.

Should you wish to continue receiving hard copies, please send an e-mail to ir@elixirtech.com. Our Investor Relations will be happy to accommodate your request. Thank you for your understanding and cooperation in this important initiative. We look forward to your continued partnership as we strive for greater efficiency and sustainability.

Warm regards,

Natalia Lysenko
CFO, Elixir Technologies

22. Who is the letter most likely intended for?

    (A) Board members
    (B) Potential clients
    (C) Suppliers
    (D) Investors

23. What is suggested about Elixir Technologies?

    (A) It has received an award for sustainable practices.
    (B) It has recently merged with another company.
    (C) It currently circulates printed documents.
    (D) It has been criticized for lack of transparency.

24. According to the letter, what will be added on the Web site?

    (A) Application forms for new investments
    (B) Materials containing financial information
    (C) Contact details for customer support
    (D) Articles on corporate responsibility

22. 正解 (D)

---

111 thank〈人〉for（感謝・関連）

手紙の冒頭で、Thank you for your continued support and investment in our business.（私たちのビジネスへの継続的なご支援と投資に感謝します）と、読み手への感謝が述べられている。この文から、手紙は「投資家」に向けられたものであると読み取れるので、正解は(D)。

なお、宛先のStakeholdersという語には「出資者」の意味があるが、社員や顧客も含めた「利害関係者」の意味もあるので、解答の決め手にはならない。

23. 正解 (C)

---

095 decide（近況・決定）　　064 instead of（提案・申し出）

第1段落に、the board of directors has decided to digitize our investor relations documents, commencing from the next fiscal year（取締役会は、次の会計年度から投資家関係文書をデジタル化することを決定しました）という決定事項が述べられている。次年度から文書がデジタル化されるということは、「現在は印刷された文書を配布している」と推測できるので、正解は(C)。同段落のall financial statements, annual reports, and other relevant documentation will be posted on a dedicated Web site instead of being sent by conventional mail（すべての財務諸表や年次報告書、その他の関連文書は、従来の郵送ではなく専用のサイトに掲載されることになります）という文も、現時点では紙の書類を郵送していることを示唆している。

> **129** have the opportunity to do （特典・報酬）
> **149** all （特徴・利点）

　ウェブサイトについて説明されている第2段落には、Through this Web site, you will have the opportunity to view live streams of our shareholders' meetings and gain immediate access to all investor relations materials.（このウェブサイトを通じて、株主総会のライブストリームを視聴し、すべての投資家向け広報資料に即時アクセスする機会を得ることができます）と記されている。よって、この後半部分を言い換えた (B)「財務情報を含む資料」が、ウェブサイトで利用できるものとして正解である。

頻出重要語 8

- □ **valued** 形 大切な
- □ **stakeholder** 名 利害関係者
- □ **environmental** 形 環境についての
- □ **corporate responsibility** 企業責任
- □ **board of directors** 取締役会
- □ **digitize** 動 〜をデジタル化する
- □ **commence** 動 開始する
- □ **relevant** 形 関連がある
- □ **conventional** 形 従来の

- □ **shareholder** 名 株主
- □ **immediate** 形 即時の
- □ **enhance** 動 〜を高める
- □ **transparency** 名 透明性
- □ **initiative** 名 取り組み
- □ **efficiency** 名 効率
- □ **sustainability** 名 持続可能性
- □ **practice** 名 手法、慣習
- □ **merge with** 〜と合併する
- □ **circulate** 動 〜を配布する
- □ **criticize** 動 〜を批判する

問題22〜24は次の手紙に関するものです。

大切な関係者の皆様へ

私たちのビジネスへの継続的なご支援と投資に感謝します。環境および企業責任への継続的な取り組みの一環として、取締役会は、次の会計年度から投資家関係文書をデジタル化することを決定しました。1月から、すべての財務諸表や年次報告書、その他の関連文書は、従来の郵送ではなく専用のサイトに掲載されることになります。

この目的のために、新しい投資家向けポータルの立ち上げを発表することをうれしく思います。このウェブサイトを通じて、株主総会のライブストリームを視聴し、すべての投資家向け広報資料に即時アクセスする機会を得ることができます。これにより、企業と投資家間の透明性と関与をさらに強化します。

引き続き紙の受け取りを希望される場合は、ir@elixirtech.com に E メールをお送りください。投資家情報部が喜んでご要望にお応えいたします。この重要な取り組みへのご理解とご協力に感謝します。より効率的で持続可能な目標を目指し、引き続きご協力をお願いいたします。

敬具

ナタリア・リセンコ
エリクサー・テクノロジーズ 最高財務責任者

22. 手紙はおそらく誰に向けられたものですか。

    (A) 取締役
    (B) 潜在顧客
    (C) 供給業者
    (D) 投資家

23. エリクサー・テクノロジーズについて何が示唆されていますか。

    (A) 持続可能な手法で受賞した。
    (B) 最近他社と合併した。
    (C) 現在は印刷された文書を配布している。
    (D) 透明性の欠如に対して批判されている。

24. 手紙によると、ウェブサイトに何が追加されますか。

    (A) 新規投資のための申請書
    (B) 財務情報を含む資料
    (C) カスタマーサポートの連絡先
    (D) 企業責任に関する記事

https://www.spotlightcollections.net/about

| Home | **About** | Categories | Exclusives |

Welcome to Spotlight Collections—where we bring your theatrical vision to life. For years, we have been the trusted source for high-quality, fully accessorized costumes designed specifically for theatrical performances. Whether you are in need of authentic costumes for a historical drama or contemporary attire for a modern play, we can provide them on loan or for purchase.

Our diverse rental inventory features over 20,000 garments, so you are likely to find exactly what you need for any production. We also offer tailor-made costumes and accessories for sale to meet your specific needs. With our nationwide shipping options, we can meet your costume needs anywhere in the country.

If you are new to us, you will be eligible for our introductory offer and can save 10% on your first rental or purchase. To stay up to date with special promotions and industry insights, subscribe to our e-mail newsletter. As a subscriber, you will have exclusive access to our webinars and behind-the-scenes interviews with theatrical professionals.

Your production deserves nothing less than the best. Contact us to explore ideal costume solutions.

25. What type of business is Spotlight Collections?

(A) A theater production company
(B) A costume and accessories supplier
(C) A fashion design studio
(D) A stage set builder

26. What is indicated about the rental service?

(A) Customization is only available to members.
(B) Items can be shipped internationally.
(C) A broad range of goods is available in stock.
(D) Pickup is possible at multiple locations.

27. What is true about Spotlight Collections?

(A) It offers a discount for first-time customers.
(B) It regularly mails brochures and coupons.
(C) It is currently hiring additional employees.
(D) It is expanding its range of services.

> **101** 現在完了・継続 (過去・経験)
> **008** whether A or B (目的・条件)

第1段落に For years, we have been the trusted source for high-quality, fully accessorized costumes designed specifically for theatrical performances. (長年にわたり、私たちは演劇公演のために特別にデザインされた、高品質かつアクセサリー完全装備のコスチュームの信頼できる供給者であり続けています) とあるので、スポットライト・コレクションズは (B)「衣装・アクセサリー業者」であるとわかる。同段落の Whether you are in need of authentic costumes for a historical drama or contemporary attire for a modern play, we can provide them on loan or for purchase. (必要なものが時代劇用の本格的な衣装であれ、現代劇用のモダンな衣装であれ、私たちは貸し出し用または買い取り用としてそれらを提供することができます) もヒントになる。

> **166** diverse (特徴・利点)   **163** feature (特徴・利点)

レンタルサービスについては、第2段落に Our diverse rental inventory features over 20,000 garments (当社の多様なレンタル用の在庫は2万点を超える衣装を含む) と述べられている。この diverse (多様な) を a broad range of (幅広い)、inventory を stock (いずれも「在庫」) と言い換えた (C)「幅広い物品を在庫している」が正解。

135 eligible for (特典・報酬)

第3段落に If you are new to us, you will be eligible for our introductory offer and can save 10% on your first rental or purchase. (初めてご利用になる方は、初回レンタルまたは購入が10%割引になる入会特典をご利用いただけます)とあり、初回特典について説明されている。つまり、スポットライト・コレクションズは「初回の顧客に割引を提供している」ので、正解は(A)。「多様なレンタル用の在庫」を取り揃えているとは述べられているが、「サービスの幅を広げている」という記述はないので、(D)は適切でない。

頻出重要語 9

□ **authentic** 形 本格的な
□ **historical** 形 歴史的な
□ **contemporary** 形 現代の
□ **on loan** 貸し出しで
□ **inventory** 名 在庫

□ **garment** 名 衣服
□ **introductory** 形 導入の
□ **deserve** 動 ～に値する
□ **brochure** 名 パンフレット

問題25〜27は次のウェブページに関するものです。

https://www.spotlightcollections.net/about

ホーム | 会社情報 | カテゴリー | 特典

スポットライト・コレクションズへようこそ—ここでは、あなたの演劇の理想を現実にします。長年にわたり、私たちは演劇公演のために特別にデザインされた、高品質かつアクセサリー完全装備のコスチュームの信頼できる供給者であり続けています。必要なものが時代劇用の本格的な衣装であれ、現代劇用のモダンな衣装であれ、私たちは貸し出し用または買い取り用としてそれらを提供することができます。

当社の多様なレンタル用の在庫は2万点を超える衣装を含むので、どんな劇にも必要なものがきっと見つけられます。個々のニーズに合わせた注文仕立ての衣装とアクセサリーの販売も行っています。全国への配送が選べるので、国内のどこにいても衣装のニーズに応えることができます。

初めてご利用になる方は、初回レンタルまたは購入が10％割引になる入会特典をご利用いただけます。特別キャンペーンや業界の展望についての最新情報を得るために、私たちのEメールニュースレターをご購読ください。購読者限定のウェビナーや演劇関係者の舞台裏インタビューもご覧いただけます。

あなたの劇は、最高のものしかふさわしくありません。理想的な衣装のご提案をお探しでしたら、ぜひお問い合わせください。

25. スポットライト・コレクションズはどのような業種ですか。

(A) 劇制作会社
(B) 衣装・アクセサリー業者
(C) ファッションデザインスタジオ
(D) 舞台セット設営業者

26. レンタルサービスについて何が述べられていますか。

(A) 特注は会員限定である。
(B) 商品は世界中に配送できる。
(C) 幅広い物品を在庫している。
(D) 受け取りが複数の店舗でできる。

27. スポットライト・コレクションズについて正しいことは何ですか。

(A) 初回の顧客に割引を提供している。
(B) 定期的にパンフレットとクーポンを郵送している。
(C) 現在追加の従業員を採用中である。
(D) サービスの幅を広げている。

Questions 28–30 refer to the following e-mail. ◀ 110

E-Mail Message	
To:	Gabbie Keller <g.keller@postwave.com>
From:	Matt Ingram <matt.ingram@keystoners.co.bm>
Date:	18 November
Subject:	Re: Plumbing issue

Dear Ms. Keller,

Thank you for bringing the issue of poor water pressure in your apartment to our attention. Have you also noticed any leaks? In case you have, we recommend turning off the main water valve temporarily as a precautionary measure. To determine the cause of the problem, an inspection in your apartment is necessary.

We have coordinated with our utility company and found that a visit can be scheduled to take place either on Thursday morning or on Friday afternoon. Could you please confirm your availability for one of these times? If you are unable to be present during the inspection, you may either provide us with permission to enter your apartment in your absence or leave your keys with a trusted neighbor.

Following the inspection, we will inform you of the findings and discuss the next steps for addressing the issue. Please let me know your preferred arrangement, and we will proceed accordingly.

Best regards,

Matt Ingram
Keystone Realty Services

28. What problem is Ms. Keller most likely experiencing?

(A) A heating system has broken down.
(B) A door key has been misplaced.
(C) Air is leaking in through the windows.
(D) Plumbing is not functioning properly.

29. What does Mr. Ingram offer to do?

(A) Arrange a utility-company service call
(B) Fix a technical problem himself
(C) Recommend an inexpensive service
(D) Upgrade some facilities in an apartment

30. Why does Mr. Ingram mention Ms. Keller's neighbor?

(A) To present an alternative solution
(B) To prepare for a possible complaint
(C) To discuss a community event
(D) To inquire about other issues

111 thank〈人〉for（感謝・関連）　056 poor（問題・懸念）

　Eメールの差出人であるイングラムさんは、冒頭でThank you for bringing the issue of poor water pressure in your apartment to our attention.（アパートの水圧不良の問題を私たちに知らせてくださり、ありがとうございます）と、連絡をくれたことに礼を述べている。これはメールなどの冒頭で用件を持ち出すためによく用いられる形だ。Eメールの宛先であるケラーさんが経験している問題としては、「水圧不良」を言い換えた(D)「水道配管が正常に機能していない」が正解。

001 to do（目的・条件）
071 be scheduled to do（予定・予測）

　第1段落最終文にTo determine the cause of the problem, an inspection in your apartment is necessary.（問題の原因を特定するためには、アパートの検査が必要です）とあり、アパートの検査が提案されている。続く第2段落には、a visit can be scheduled to take place either on Thursday morning or on Friday afternoon（木曜日の午前中か金曜日の午後であれば訪問を予定することが可能）とあるので、イングラムさんはその検査を手配することを申し出ているとわかる。これらの記述から、正解は(A)「公共サービス会社の修理・点検の訪問を手配する」。

| 007 | if（目的・条件） | 067 | you may（提案・申し出） |

第2段落にIf you are unable to be present during the inspection, you may either provide us with permission to enter your apartment in your absence or leave your keys with a trusted neighbor.（検査中に立ち会うことができない場合は、あなたの不在時に私たちがアパートに入ることを許可するか、信頼できる近隣の方に鍵を預けることができます）と、不在の場合の対応方法についての説明がある。つまり、ケラーさんが検査の日に不在であれば、隣人に鍵を預けることができるという代案がここに示されている。したがって、イングラムさんが隣人に言及した理由は、(A)「代替案を提示するため」が正解である。

頻出重要語 10

- □ **bring ~ to one's attention** ～に注意を向けさせる
- □ **precautionary measure** 予防的な対策
- □ **coordinate** 動 調整する
- □ **utility company** 公共事業会社
- □ **permission** 名 許可
- □ **absence** 名 不在
- □ **neighbor** 名 隣人
- □ **address** 動 ～に取り組む
- □ **proceed** 動 進む
- □ **accordingly** 副 それに応じて

- □ **misplace** 動 ～を置き忘れる、～をなくす
- □ **leak** 名 漏れ
- □ **plumbing** 名 配管
- □ **function properly** きちんと機能する
- □ **service call** 修理・点検の訪問
- □ **inexpensive** 形 安価な
- □ **facility** 名 施設、設備
- □ **alternative** 形 代替の
- □ **complaint** 名 苦情

問題 28〜30 は次の E メールに関するものです。

宛先： ギャビー・ケラー〈g.keller@postwave.com〉
差出人：マット・イングラム〈matt.ingram@keystoners.co.bm〉
日付： 11 月 18 日
件名： Re: 水道の問題について

ケラー様

アパートの水圧不良の問題を私たちに知らせてくださり、ありがとうございます。水漏れにも気づかれましたか。もしそうであれば、予防措置として一時的に水道の元栓を閉めることをお勧めします。問題の原因を特定するためには、アパートの検査が必要です。

公共事業会社と調整を行い、木曜日の午前中か金曜日の午後であれば訪問を予定することが可能だとわかりました。いずれかの時間帯でご都合がつくかどうかをお知らせください。検査中に立ち会うことができない場合は、あなたの不在時に私たちがアパートに入ることを許可するか、信頼できる近隣の方に鍵を預けることができます。

検査後、私たちは結果をお知らせし、問題に対処するための次のステップについて話し合います。ご希望の手配を教えていただければ、それに応じて進めます。

敬具

マット・イングラム
キーストーン不動産サービス

28. ケラーさんがおそらく経験している問題は何ですか。

(A) 暖房システムが故障している。
(B) ドアの鍵を紛失した。
(C) 窓から空気が漏れている。
(D) 水道配管が正常に機能していない。

29. イングラムさんは何をすると申し出ていますか。

(A) 公共サービス会社の修理・点検の訪問を手配する
(B) 自分で技術的な問題を解決する
(C) 安価なサービスを推薦する
(D) アパートの設備を改修する

30. イングラムさんがケラーさんの隣人について述べるのはなぜですか。

(A) 代替案を提示するため
(B) 想定される苦情に備えるため
(C) 地域のイベントについて話し合うため
(D) 他の問題について尋ねるため

Questions 31–33 refer to the following information.

◀ 111

Dear Residents of Ribblesdale,

We are delighted to announce that our Reuse-it Centre is now open, expanding upon our town's efforts in environmental conservation. Although we have spent many years focusing on recycling initiatives, we believe that reusing is another significant step towards a more sustainable future.

Located at the Waste Transfer Site at 160 Hawk Street, the Reuse-it Centre aims to give your unwanted items a second life. The centre is currently open seven days a week from 7:30 A.M. to 3 P.M. Please be aware of the specific types of items we cannot accept:

- Large appliances (e.g., refrigerators)
- Upholstered furniture
- Mattresses/box springs
- Clothing
- Infant gear (car seats, cribs, high chairs)

Your efforts not only contribute to a cleaner, greener Ribblesdale but also promote a more sustainable world for us all. Thank you for your ongoing commitment and participation.

Ribblesdale Town Authorities

31. What is true about the town of Ribblesdale?

(A) It has been raising funds by reselling items.
(B) It outsources some of its waste management.
(C) It prohibits the disposal of household appliances.
(D) It has been encouraging sustainable efforts.

32. What is stated about the Reuse-it Centre?

(A) Its facilities are newly built.
(B) It offers weekly pickups.
(C) It has multiple locations.
(D) It is open every day.

33. What items are most likely NOT accepted at the Reuse-it Centre?

(A) Food blenders
(B) File cabinets
(C) Leather sofas
(D) Ceramic plates

051 although（問題・懸念）　171 focus on（特徴・利点）

　リブルズデイル町については、第1段落にAlthough we
have spent many years focusing on recycling initiatives,
（私たちは長年リサイクルの取り組みに注力してきましたが）とあり、
これまでも資源のリサイクルを奨励してきたことがわかる。よ
って、この町について正しいことは、(D)「持続可能な取り組
みを奨励してきた」。

　不用品の再利用は行うが、「再販により資金を調達」すると
いう記述はないので、(A)は適切ではない。第2段落で、一
部家電製品の受け入れ制限については述べられているが、町
がそれらの「廃棄を禁止している」という情報はないので、(C)
も不適切。

090 currently（近況・決定）

　新しく開設されたリユース・イット・センターについては、
第2段落にThe centre is currently open seven days a week
from 7:30 A.M. to 3 P.M.（センターは現在、週7日、午前7時30分
から午後3時まで営業しています）と述べられている。つまり、リ
ユース・イット・センターは「毎日開いている」ということな
ので、(D)が正解。

　このセンターは新たに開設されたが、「施設が新しく建て
られた」という記述はないので、(A)は適切ではない。

| 035 | **Please be aware** (注意・義務) |
| 040 | **cannot do** (注意・義務) |

第2段落に Please be aware of the specific types of items we cannot accept: (受け入れできない特定の種類の物品にご注意ください:) という注意書きがあり、センターで受け入れ不可とされている物品がリストアップされている。この中の「椅子張りの家具」は(C)「革製ソファ」と合致するので、これが受け入れられない物品であり、正解だ。(A)「食品用ミキサー」は家電だが「大型」ではなく、(B)「ファイル棚」は家具だが「椅子張り」ではない。(D)「陶器の皿」のような食器はリストには挙がっていない。

頻出重要語
11

□ **resident** 名 住民

□ **appliance** 名 家電製品

□ **upholstered**
　　形 張り地を施した

□ **ongoing** 形 進行中の

□ **authorities** 当局

□ **outsource** 動 〜を外注する

□ **disposal** 名 処分、廃棄

問題31～33は次の案内に関するものです。

リブルズデイルの住民の皆様

リユース・イット・センターがオープンし、町の環境保護への取り組みがさらに拡大するとお知らせできることをうれしく思います。私たちは長年リサイクルの取り組みに注力してきましたが、リユースもまた、より持続可能な未来に向けた重要な一歩だと考えています。

ホーク・ストリート160番地の廃棄物処理場にあるリユース・イット・センターは、不要になった品物に第二の人生を与えることを目的としています。センターは現在、週7日、午前7時30分から午後3時まで営業しています。受け入れできない特定の種類の物品にご注意ください：

・大型家電（例：冷蔵庫）
・椅子張りの家具
・マットレス / ボックススプリング
・衣類
・幼児用品（カーシート、ベビーベッド、ハイチェア）

皆さんの努力は、リブルズデイルをより清潔に、より緑豊かにするだけでなく、私たち全員にとってより持続可能な世界を促進します。皆さんの継続的な取り組みと関与に感謝します。

リブルズデイル町当局

31. リブルズデイル町について正しいことは何ですか。

    (A) 商品の再販により資金を調達してきた。
    (B) 廃棄物管理の一部を外注している。
    (C) 家電製品の廃棄を禁止している。
    (D) 持続可能な取り組みを奨励してきた。

32. リユース・イット・センターについて述べられていることは何ですか。

    (A) 施設が新しく建てられた。
    (B) 週1回回収している。
    (C) 複数の場所がある。
    (D) 毎日開いている。

33. リユース・イット・センターでおそらく受け入れられない物品は何ですか。

    (A) 食品用ミキサー
    (B) ファイル棚
    (C) 革製ソファ
    (D) 陶器の皿

TORONTO (May 6)—V-Mend is not a typical tech startup in a crowded market like social media or food delivery. Instead, it focuses on a niche market: the home services industry. Founded by Alex Chachua and Leo Patarava, both sons of immigrants from Georgia, the company has simplified the complexities of running service-based businesses.

Chachua and Patarava grew up watching their parents work diligently as household plumbers, often facing financial challenges. They both earned scholarships to study software engineering at esteemed universities, and one day they met at an intercollegiate event. They discovered they had much in common in their backgrounds and immediately clicked. After graduation, they joined forces and launched V-Mend, an online platform designed to streamline every aspect of running residential service businesses.

The platform initially gained traction within the Georgian immigrant community in the Toronto area. The early version of the application primarily handled scheduling and customer communications. It was soon upgraded to include features such as marketing statistics and billing functions. The user base then grew significantly, attracting a variety of home service professionals, including electricians and air conditioning technicians.

"V-Mend has experienced exponential growth over the past five years, and its impact extends far beyond mere numbers," said Chachua. Patarava added, "Our mission is to improve the lives of countless hardworking entrepreneurs." The founders confirmed that their fathers have been active users of the app since its launch and are also its most satisfied customers.

34. According to the article, what do Mr. Chachua and Mr. Patarava have in common?

(A) They graduated from the same university.
(B) They were born and raised in Georgia.
(C) Their parents work in residential servicing.
(D) Their families owned food businesses.

35. What is true about V-Mend?

(A) It first became popular in a local community.
(B) It caters exclusively to plumbers.
(C) It initially received negative feedback.
(D) It originated in the social media industry.

36. What most likely is an added feature of V-Mend?

(A) It can order supplies.
(B) It can manage invoices.
(C) It can post job advertisements.
(D) It can schedule appointments.

107 grow up (過去・経験)

　問題が問う2人については、第2段落にChachua and Pata-rava grew up watching their parents work diligently as household plumbers, often facing financial challenges.（チャチュアとパタラヴァは、親が住宅水道工事業者として勤勉に働きつつも、しばしば財政難に直面する姿を見て育ちました）と述べられている。よって、正解は(C)「親が住宅向けサービス業に従事している」。なお、第4段落にThe founders confirmed that their fathers have been active users of the app since its launch and are also its most satisfied customers.（彼ら創設者たちは、自分たちの父親がアプリ公開以来のアクティブユーザーであり、最も満足している顧客であると証言しました）とあり、父親たちがまだ現役であることが示唆されているので、(C)のworkが現在時制であることにも問題はない。

105 initially (過去・経験)　　**016 within (目的・条件)**

　Vメンドというサービスについては、第3段落にThe plat-form initially gained traction within the Georgian immi-grant community in the Tronto area.（そのプラットフォームは、当初トロント近郊のジョージア移民コミュニティ内で人気を博しました）という記述がある。これを言い換えた(A)「最初は地方で人気が出た」が正解。

　同段落に顧客基盤について、including electricians and air conditioning technicians（電気技師やエアコン業者を含む）と記されており、「水道工事業者」以外にもサービスを提供していることがわかるので、(B)は適切ではない。

| 165 | include (特徴・利点) | 163 | feature (特徴・利点) |

　Vメンドに追加された機能については、第3段落に It was soon upgraded to include features such as marketing statistics and billing functions. (アプリケーションはすぐに改良され、マーケティングの統計や請求機能といった特色も取り入れました) と述べられている。この2つ目である「請求機能」は、(B)「請求書を管理できる」機能を含むと推測できるので、これが正解。(D)「予約を取ることができる」は、同段落の scheduling (スケジュール管理) に合致するが、これは「アプリケーションの初期バージョン」にすでに搭載されていた機能なので、「追加された機能」ではない。

頻出重要語
12

- □ **niche market**　すき間市場
- □ **found**　動 ～を設立する
- □ **simplify**　動 ～を単純化する
- □ **complexity**　名 複雑さ
- □ **diligently**　副 勤勉に
- □ **scholarship**　名 奨学金
- □ **esteemed**　形 尊敬される
- □ **streamline**
  　動 ～を合理化する
- □ **statistics**　名 統計

- □ **exponential growth**
  　急速な成長
- □ **mere**　形 単なる
- □ **countless**　形 無数の
- □ **entrepreneur**　名 起業家
- □ **cater to**　～の要求に応じる
- □ **originate**　動 起こる、始まる
- □ **supplies**　用品
- □ **invoice**　名 請求書

問題34～36は次の記事に関するものです。

トロント（5月6日）――Vメンドは、ソーシャルメディアやフードデリバリーなどの混雑した市場にあふれる典型的なハイテク新興企業ではありません。むしろ、住宅向けサービス業界というニッチ市場に焦点を当てています。ジョージア出身の移民の息子であるアレックス・チャチュアとレオ・パタラヴァによって設立された同社は、サービスビジネスの運営の複雑さを簡素化しました。

チャチュアとパタラヴァは、親が住宅水道工事業者として勤勉に働きつつも、しばしば財政難に直面する姿を見て育ちました。奨学金を得て名門大学でソフトウェアエンジニアリングを学んでいた2人は、ある日大学対抗のイベントで出会いました。彼らは自分たちの生い立ちに多くの共通点があることに気づき、すぐに意気投合しました。卒業後、彼らは力を合わせ住宅向けサービスビジネスの経営のあらゆる側面を簡素化するためのオンライン・プラットフォーム、Vメンドに着手しました。

そのプラットフォームは、当初トロント近郊のジョージア移民コミュニティ内で人気を博しました。アプリケーションの初期バージョンは、主にスケジュール管理や顧客対応を扱っていました。アプリケーションはすぐに改良され、マーケティングの統計や請求機能といった特色も取り入れました。それから顧客基盤が著しく拡大し、電気技師やエアコン業者を含む様々な住宅サービスの専門家を引きつけました。

「Vメンドは過去5年間で飛躍的な成長を遂げ、その影響は単なる数字上のものを超えています」と、チャチュアは言いました。「私たちの使命は、無数の働き者の起業家たちの生活を改善することです」とパタラヴァは付け加えました。彼ら創設者たちは、自分たちの父親がアプリ公開以来のアクティブユーザーであり、最も満足している顧客であると証言しました。

34. 記事によると、チャチュアさんとパタラヴァさんに共通していることは何ですか。

(A) 同じ大学を卒業した。
(B) ジョージアで生まれ育った。
(C) 親が住宅向けサービス業に従事している。
(D) 家族が食品事業を所有している。

35. V メンドについて正しいことは何ですか。

(A) 最初は地方で人気が出た。
(B) 水道工事業者だけにサービスを提供している。
(C) 当初は否定的な評価を受けた。
(D) ソーシャルメディア業界から始まった。

36. V メンドに追加された機能はおそらく何ですか。

(A) 用品を注文できる。
(B) 請求書を管理できる。
(C) 求人広告を掲載できる。
(D) 予約を取ることができる。

https://www.geodigger.com/about

Step into the Future of Excavation with GeoDigger

GeoDigger's augmented reality (AR) system seamlessly integrates 3D graphics into real-world surroundings. Displayed on a state-of-the-art monitor, these graphics are overlaid onto the existing terrain to provide operators of excavators and earth-moving machinery with an enhanced understanding of the tasks at hand.

The GeoDigger system offers complete visibility of digging machinery to excavator operators and site supervisors alike. This ensures better situational awareness and increased safety for all personnel in the work site. Gone are the days of interpreting complex two-dimensional plans and stakes. With GeoDigger's features of a wide touch panel and video chat capability, operators can effortlessly grasp information and conduct communication with site managers in real time.

To further elevate your productivity, you can opt for GeoDigger Plus, which combines our revolutionary AR technology with premium software support and complimentary training sessions. This optional package is ideal for operators who may not be technically savvy or are new to 3D applications. GeoDigger Plus is available through a flexible monthly subscription model, allowing you to modernize your operations without any significant upfront investment.

37. What is suggested about GeoDigger?

(A) It can generate construction blueprints.
(B) It can be rented on a monthly basis.
(C) It is equipped with sophisticated hardware.
(D) It requires an external computer to operate.

38. What is included in GeoDigger Plus?

(A) Unlimited data storage
(B) Free training sessions
(C) Video recording capabilities
(D) On-site hardware installation

39. Who will most likely benefit from GeoDigger Plus?

(A) Operators who are new to 3D software
(B) Operators with little prior work experience
(C) Managers who lead software support teams
(D) Managers who oversee short-term projects

190 過去分詞 (特徴・利点)　　**197** state-of-the-art (特徴・利点)

ジオディガーの特徴については、第1段落にDisplayed on a state-of-the-art monitor, these graphics are overlaid onto the existing terrain (最先端のモニターに表示されたこれらの画像は、既存の地形に重ね合わされます) と述べられている。ジオディガーという製品に「最先端のモニター」が付いているということは、「高度なハードウェアを装備している」と言い換えることができるので、(C)が正解。

---

38. 正解 (B)

130 complimentary (特典・報酬)

ジオディガー・プラスについては、第3段落にyou can opt for GeoDigger Plus, which combines our revolutionary AR technology with premium software support and complimentary training sessions (当社の革新的なAR技術と高品質ソフトウェアサポート、無料トレーニングセッションを組み合わせたジオディガー・プラスをお選びいただけます) と述べられている。よって、このサポートパッケージに含まれているものとしては、(B)「無料のトレーニングセッション」が正解。

---

39. 正解 (A)

183 ideal (特徴・利点)　　**186** 関係詞 (特徴・利点)

ジオディガー・プラスの想定顧客については、第3段落に This optional package is ideal for operators who may

not be technically savvy or are new to 3D applications.
(このオプションのパッケージは、技術的に精通していない、または
3Dアプリケーションに慣れていない操縦士に最適です）と説明され
ている。よって、正解は(A)「3Dソフトウェアになじみのな
い操縦士」。「トレーニングセッション」は利用できるが、そ
れは3Dソフトウェアに関するものであり、掘削の経験を補う
ものではないので、(B)「実務経験が少ない操縦士」は適切で
はない。

頻出重要語
13

□ **excavator** 名 掘削機
□ **seamlessly** 副 切れ目なく
□ **overlay** 動 ～を重ねる
□ **terrain** 名 地形
□ **visibility** 名 可視性
□ **interpret** 動 ～を解釈する
□ **two-dimensional**
　　形 二次元の
□ **grasp** 動 ～を理解する
□ **elevate** 動 ～を高める
□ **opt for** ～を選ぶ
□ **technically savvy**
　　技術的に精通している

□ **subscription**
　　名 月額定額制、定期購読
□ **modernize**
　　動 ～を近代化する
□ **upfront investment**
　　先行投資
□ **blueprint** 名 設計図
□ **on a monthly basis**
　　月次で
□ **sophisticated**
　　形 洗練された
□ **benefit** 名 特典、恩恵

問題37～39は次のウェブページに関するものです。

https://www.geodigger.com/about

ジオディガーで未来の掘削を体験

ジオディガーの拡張現実（AR）システムは、3D 画像を現実世界の環境に切れ目なく統合します。最先端のモニターに表示されたこれらの画像は、掘削機や土木機械の操縦士が手元の作業をより良く理解できるように、既存の地形に重ね合わされます。

ジオディガーシステムは、掘削機の操縦士や現場監督などに掘削機械の完全な可視性を提供します。これにより、作業現場のすべての人の状況認識が向上し、安全性が高まります。複雑な二次元の図面や標識を解釈する時代は終わりました。ジオディガーの広いタッチパネルとビデオチャット機能を活用することで、操縦士は情報を簡単に把握し、現場監督とリアルタイムでコミュニケーションを取ることができます。

さらに生産性を向上させるために、当社の革新的な AR 技術と高品質ソフトウェアサポート、無料トレーニングセッションを組み合わせたジオディガー・プラスをお選びいただけます。このオプションのパッケージは、技術的に精通していない、または 3D アプリケーションに慣れていない操縦士に最適です。ジオディガー・プラスは、柔軟な月額定額制で提供されており、多額の先行投資なしで作業を近代化させることができます。

37. ジオディガーについて何が示唆されていますか。

   (A) 建設設計図を生成できる。
   (B) 月単位で借りることができる。
   (C) 高度なハードウェアを装備している。
   (D) 操作するために外部のコンピューターが必要である。

38. ジオディガー・プラスに含まれるものは何ですか。

   (A) 無制限のデータ保存
   (B) 無料のトレーニングセッション
   (C) 録画機能
   (D) 現場でのハードウェア設置

39. ジオディガー・プラスの恩恵を受けるのはおそらく誰ですか。

   (A) 3D ソフトウェアになじみのない操縦士
   (B) 実務経験が少ない操縦士
   (C) ソフトウェアサポートチームを率いるマネージャー
   (D) 短期間の案件を監督するマネージャー

A Chilly Reception to Closed-Door Rules

Calgary (August 7)—Linda Nanook, Canmore's new mayor, is aiming to tackle local businesses' carbon footprint in response to climate change. Within weeks of assuming the role in July, Mayor Nanook introduced a new policy that will enforce closed doors during the colder months. She argues that this simple act can significantly reduce greenhouse gas emissions.

For years, residents have criticized the practice of keeping doors wide open during winter, given the town's ambitious sustainability goals. Past administrations avoided making a rule about keeping doors closed, often giving in to pressure from businesses. Mayor Nanook has indicated that further regulations against patio heaters will follow soon. "It's high time we align our business practices with our environmental ethics," she stated at a recent town hall meeting.

In the past, some businesses have displayed signs highlighting their choice to keep doors closed as an eco-conscious measure. However, this has never been universally adopted, leading to ongoing debate and dissatisfaction among residents and business owners. "I might have to close down my outdoor after-ski lounge," said Mark Williams, owner of The Frosty Barrel. "Without patio heaters, my whole business will really take a hit," he remarked with disappointment.

Many are waiting to see how the council will balance economic interests with the urgent necessity for environmental action. With Mayor Nanook at the helm, Canmore seems poised to take a greener path forward.

40. According to the article, what happened in July?

(A) A formal petition was filed.
(B) A new technology was introduced.
(C) A town hall meeting was held.
(D) A local politician took office.

41. What is expected to happen in Canmore?

(A) An awareness program will start.
(B) Use of some equipment will be discouraged.
(C) A new council member will be elected.
(D) Environmental conferences will take place.

42. What is NOT suggested about The Frosty Barrel?

(A) It will endorse the mayor's initiative.
(B) It accommodates customers outdoors.
(C) It is situated near a ski resort.
(D) It may be at risk of possible closure.

016　within（目的・条件）
106　assume the role（過去・経験）

　7月という時期については、第1段落にWithin weeks of assuming the role in July, Mayor Nanook introduced a new policy（7月に就任してから数週間以内に、ナヌーク町長は新しい政策を導入しました）という記述がある。つまり、7月は新しい町長が就任した時期だ。これを「地方の政治家が就任した」と言い換えた(D)が正解。

073　follow（予定・予測）

　今後の動向については、第2段落にMayor Nanook has indicated that further regulations against patio heaters will follow soon.（ナヌーク町長は、テラス・ヒーターに対するさらなる規制もまもなく導入されるとほのめかしています）と記されている。これを「一部の器具の使用が制限される」と表現した(B)が正解。

031　have to do（注意・義務）

　フロスティ・バレルという店については、第3段落に"I might have to close down my outdoor after-ski lounge,"（「私の屋外のアフタースキー・ラウンジはもう閉鎖しなければならないかもしれません」）というオーナーのコメントがある。よって、(D)

「閉鎖の可能性があるかもしれない」は示唆されており、不正解。さらに、「私の屋外のアフタースキー・ラウンジ」という記述から、(B)「屋外に客を収容する」と (C)「スキー場の近くにある」も推測できるので、いずれも不正解。同段落には、"Without patio heaters, my whole business will really take a hit,"（「テラス・ヒーターがなければ、私のすべての商売は相当な打撃を受けます」）という同オーナーのコメントがある。つまり、彼は、第2段落で述べられた町の新しい規制が店に悪い影響を及ぼすことを懸念している。よって、彼の店について示唆されていないことは、(A)「町長の構想を支持する」が正解。

頻出重要語
14

- □ **chilly** 形 冷えた
- □ **mayor** 名 市長、町長
- □ **tackle** 動 ～に取り組む
- □ **climate change** 気候変動
- □ **enforce** 動 ～を施行する
- □ **ambitious** 形 野心的な
- □ **administration** 名 行政
- □ **patio** 名 屋外のテラス
- □ **ethic** 名 倫理
- □ **universally** 副 普遍的に

- □ **dissatisfaction** 名 不満
- □ **disappointment** 名 失望
- □ **file a petition** 請願書を提出する
- □ **take office** 就任する
- □ **awareness program** 啓発プログラム
- □ **council member** 評議員
- □ **endorse** 動 ～を支持する
- □ **closure** 名 閉鎖

問題40〜42は次の記事に関するものです。

ドア閉め規則への冷たい反応

カルガリー（8月7日）―ケンモアの新しい町長、リンダ・ナヌークは、気候変動に対応するため、地元企業の二酸化炭素排出量を削減することに取り組んでいます。7月に就任してから数週間以内に、ナヌーク町長は、寒い時期にドアを閉め切ることを強制する新しい政策を導入しました。彼女は、この単純な行動が温室効果ガスの排出量を大幅に削減できると主張しています。

町の野心的な持続可能性に関する目標を鑑みて、冬の間ドアを大きく開けっ放しにする習慣を、住民は長年批判してきました。過去の行政は、ドアを閉じたままにする規制を作ることを避け、しばしば企業からの圧力に屈していました。ナヌーク町長は、テラス・ヒーターに対するさらなる規制もまもなく導入されるとほのめかしています。「ビジネス慣行を環境倫理と一致させる時が来たのです」と、彼女は最近の町議会で述べました。

過去には、いくつかの事業者が、環境意識の高い措置としてドアを閉じたままにすることを示す看板を掲げていました。しかし、これはすべての場所には採用されず、住民や事業者の間で絶えない議論と不満を生んできました。「私の屋外のアフタースキー・ラウンジはもう閉鎖しなければならないかもしれません」と、フロスティ・バレルのオーナー、マーク・ウィリアムズさんは言いました。「テラス・ヒーターがなければ、私のすべての商売は相当な打撃を受けます」と彼は失望を込めて述べました。

多くの人々が、経済的な利益と環境行動の緊急的な必要性のバランスを議会がどのように取るかを見守っています。ナヌーク町長のもとで、ケンモアはより環境に優しい道を進む準備ができているようです。

40. 記事によると、7月に何が起こりましたか。

(A) 正式な請願が提出された。
(B) 新しい技術が導入された。
(C) 町民集会が開催された。
(D) 地方の政治家が就任した。

41. ケンモアで何が起こると予想されますか。

(A) 啓発プログラムが始まる。
(B) 一部の器具の使用が制限される。
(C) 新しい議員が選出される。
(D) 環境会議が開催される。

42. フロスティ・バレルについて示唆されていないことは何ですか。

(A) 町長の構想を支持する。
(B) 屋外に客を収容する。
(C) スキー場の近くにある。
(D) 閉鎖の可能性があるかもしれない。

Social Media Manager at Cosmic World

Are you a social media aficionado with a talent for storytelling and a passion for amusement parks? Cosmic World is a leading amusement park chain headquartered in Austin, Texas, and we're looking for an enthusiastic social media manager to enhance our brand presence.

RESPONSIBILITIES
- Actively promote Cosmic World across all major social media platforms
- Create and post captivating photos, and engaging videos that showcase the excitement of our park
- Work closely with the marketing and events teams for effective dissemination of promotional materials
- Monitor social media data analysis to assess the effectiveness of our online campaigns

QUALIFICATIONS
- Minimum of 3 years of experience in a PR or social media management role
- Proficiency in using and analyzing data from social media platforms
- Expertise in taking high-quality photos and videos
- Strong writing and verbal communication skills

E-mail your résumé, portfolio of your creations, and list of three professional references to Stan Nielsen, s.nielsen@cosmicworld.com. Those who meet the qualifications will be selected for further consideration. Once shortlisted, successful applicants will be invited to in-person interviews at our headquarters. Apply today and help us bring smiles to millions of faces!

43. What is NOT mentioned as a responsibility of the social media manager?

(A) Posting on online platforms frequently
(B) Organizing engaging events with patrons
(C) Collaborating with the marketing team
(D) Analyzing data to evaluate past promotions

44. What will Mr. Nielsen most likely do before conducting interviews?

(A) Examine applicants by reviewing samples of their work
(B) Meet and greet successful candidates online
(C) Invite interested individuals to tour an amusement park
(D) Assign prospective employees a writing task

45. What is indicated about Cosmic World?

(A) It is planning to add locations.
(B) It holds in-person interviews in Texas.
(C) It is seeking potential investors.
(D) It hires external consultants.

033 responsibility (注意・義務)

ソーシャルメディア・マネージャーの職務については、RESPONSIBILITIES(職務内容) という見出しが付いた第2段落に4つ列挙されている。その1点目が(A)「頻繁にオンラインプラットフォームに投稿すること」、3点目が(C)「マーケティングチームと協力すること」、4点目が(D)「過去の販促活動を評価するためにデータを分析すること」に合致する。よって、残った(B)「常連客と魅力的なイベントを企画すること」が述べられていないこととして正解である。

186 関係詞 (特徴・利点)　　076 once (予定・予測)

第4段落に E-mail your résumé, portfolio of your creations, and list of three professional references to Stan Nielsen, (あなたの履歴書と創作の作品集、職場の推薦者3名のリストをスタン・ニールセン宛にEメールで送ってください) とあるので、応募者は「創作の作品集」を含む書類をニールセンさん宛に送ることがわかる。その次の文に Those who meet the qualifications will be selected for further consideration. (応募資格を満たした人は、さらなる選考に進みます) とあるので、一次選考は書類審査だ。さらに、Once shortlisted, successful applicants will be invited to in- person interviews at our headquarters. (最終候補者が選ばれ次第、合格者は本社での対面式面接に招待されます) とあるので、書類審査のあとは面接という流れが読み取れる。これらの情報から、ニールセンさんは面接を行う前に「作品サンプルを見て応募者を選考する」と推測できるので、正解は(A)。

173 headquarters (特徴・利点)
013 successful applicant (目的・条件)

　コズミックワールドについては、第1段落に Cosmic World is a leading amusement park chain headquartered in Austin, Texas (コズミックワールドは、テキサス州オースティンに本社を置く大手遊園地チェーンです) とある。さらに、第4段落まで目を通すと successful applicants will be invited to in-person interviews at our headquarters (合格者は本社での対面式面接に招待されます) という説明がある。これらの情報をかけ合わせると、同社は「テキサスで対面式面接を行う」と導くことができるので、正解は(B)。

頻出重要語
15

□ **aficionado** 名 愛好家
□ **enthusiastic** 形 熱心な
□ **presence** 名 存在感
□ **captivating** 形 魅力的な
□ **dissemination** 名 普及
□ **analysis** 名 分析
□ **assess** 動 ～を評価する
□ **proficiency** 名 熟練

□ **résumé** 名 履歴書
□ **professional reference**
　職場の推薦者
□ **qualification**
　名 資格、能力
□ **shortlist** 動 ～を最終候補者リストに入れる
□ **patron** 名 常連客

問題43～45は次の広告に関するものです。

コズミックワールドのソーシャルメディア・マネージャー

あなたは物語を伝える才能と遊園地への情熱を持ったソーシャルメディアの愛好家ですか。コズミックワールドは、テキサス州オースティンに本社を置く大手遊園地チェーンで、私たちのブランドの存在感を高めてくれる熱意あるソーシャルメディア・マネージャーを募集しています。

職務内容
・すべての主要なソーシャルメディアプラットフォームでコズミックワールドを積極的に宣伝する
・私たちのパークの興奮が披露できる魅力的な写真や、人を引き付けるビデオを作成して投稿する
・効果的な宣材の拡散のために、マーケティング及びイベントチームと密接に協力する
・オンラインキャンペーンの有効性を評価するためにソーシャルメディアのデータ分析をチェックする

応募資格
・広報またはソーシャルメディア管理職での最低3年の経験
・ソーシャルメディアプラットフォームからのデータを使用して分析するスキル
・高品質な写真や動画を撮る専門知識
・優れた文章力と口頭コミュニケーション能力

あなたの履歴書と創作の作品集、職場の推薦者3名のリストをスタン・ニールセン宛（s.nielsen@cosmicworld.com）にEメールで送ってください。応募資格を満たした人は、さらなる選考に進みま

す。最終候補者が選ばれ次第、合格者は本社での対面式面接に招待
されます。すぐに応募して、私たちと一緒に何百万もの人たちに笑
顔をもたらしましょう！

43. ソーシャルメディア・マネージャーの職務として述べられてい
ないことは何ですか。

(A) 頻繁にオンラインプラットフォームに投稿すること
(B) 常連客と魅力的なイベントを企画すること
(C) マーケティングチームと協力すること
(D) 過去の販促活動を評価するためにデータを分析すること

44. ニールセンさんは面接を行う前におそらく何をしますか。

(A) 作品サンプルを見て応募者を選考する
(B) オンラインで合格者と挨拶を交わす
(C) 興味を持っている人を遊園地ツアーに招待する
(D) 採用候補者に作文課題を与える

45. コズミックワールドについて何が述べられていますか。

(A) 新しい拠点を増やす予定である。
(B) テキサスで対面式面接を行う。
(C) 出資者になってくれそうな人を探し求めている。
(D) 外部のコンサルタントを雇っている。

MEMO

To: All Staff
From: Sam Iwata
Date: October 31
Subject: Announcement of Promotion

Dear Team,

It is my privilege to share exciting news reflecting the growth and evolution of ShiftHub. As you know, Vivian Park has been an invaluable asset to our team since joining us. We are pleased to announce her well-deserved promotion to the position of Chief Creative Officer.

Ms. Park was first hired as a programmer and was quickly promoted through the ranks due to her exceptional skills and leadership qualities. She has played a leading role in the development of our recent blockbuster games, making her the ideal candidate for the executive role.

In this newly created position, Ms. Park will be responsible for the strategic direction of our entire product array, in addition to continuing to oversee our game production efforts. We are confident that her presence on the executive board will offer fresh perspectives.

As Ms. Park transitions into her new role effective November 1, Ed Olivera will be stepping in as the new Director of Game Production. We look forward to seeing Mr. Olivera assume this key position and continue the excellent work that Ms. Park has set forth.

Best regards,

Sam Iwata
CEO, ShiftHub

46. What is the purpose of the memo?

    (A) To remind the staff of a company policy

    (B) To discuss an upcoming ceremony

    (C) To announce an update on work shifts

    (D) To inform staff of changes in an organization

47. What is one reason Ms. Park was promoted?

    (A) She is one of the founding members.

    (B) She has secured some large contracts.

    (C) She has won some industry awards.

    (D) She is skilled at leading teams.

48. What is suggested about Ms. Park?

    (A) She will join a new team led by Mr. Olivera.

    (B) She will be relocated to a different office.

    (C) She will retain some duties from her past role.

    (D) She will take over from a predecessor.

46. 正解 (D)

145 as you know（強調・要点）　116 pleased（感謝・関連）

　第1段落に As you know, Vivian Park has been an invaluable asset to our team since joining us. We are pleased to announce her well-deserved promotion to the position of Chief Creative Officer.（ご存知のとおり、ヴィヴィアン・パークは入社以来、チームにとってかけがえのない人材です。彼女がチーフ・クリエイティブ・オフィサーという彼女にふさわしい役職へ昇進したことをお知らせでき、うれしく思います）と述べられている。これ以降もパークさんの昇進とそれに伴う人事異動に関する内容が続くので、この連絡メモの目的は(D)「社員に組織の変更について知らせること」だ。

47. 正解 (D)

125 due to（感謝・関連）　189 現在分詞（特徴・利点）

　パークさんのこれまでの業績について触れた第2段落には、Ms. Park was first hired as a programmer and was quickly promoted through the ranks due to her exceptional skills and leadership qualities.（パークさんは、まずプログラマーとして採用され、その卓越したスキルとリーダーシップの資質により、すぐに昇進しました）と記されている。また、She has played a leading role in the development of our recent blockbuster games, making her the ideal candidate for the executive role.（彼女は最近の大ヒットゲームの開発において主導的な役割を果たし、幹部職の理想的な候補となりました）とも述べられているので、彼女のリーダーシップの資質が昇進の要因になったことがわかる。よって、正解は(D)「彼女はチームを率いることに長けている」。

> **033** responsible for（注意・義務）
> **168** in addition to（特徴・利点）

第3段落に Ms. Park will be responsible for the strategic direction of our entire product array, in addition to continuing to oversee our game production efforts（パークさんはゲーム制作を引き続き監督することに加え、当社の製品群全体の戦略的方向性を決定する責任者になります）とある。つまり、パークさんの昇進後の業務について「彼女は以前の役割からいくつかの業務を保持する」と言い表すことができるので、正解は(C)。

同段落に、In this newly created position（新設されたこの役職において）とあるので、この新しい職に就くパークさんには「前任者」がおらず、(D)は適切ではない。

頻出重要語 16

- □ **it is my privilege to do**
  ～できて光栄に思う
- □ **reflect** 動 ～を反映する
- □ **invaluable asset**
  貴重な財産
- □ **well-deserved** 形 当然の
- □ **promote**
  動 ～を昇進させる
- □ **exceptional** 形 卓越した
- □ **blockbuster**
  名 大ヒット作
- □ **array** 名 群
- □ **oversee** 動 ～を監督する

- □ **fresh perspective**
  新しい視点
- □ **transition into**
  ～に移行する
- □ **step in** 援助を申し出る
- □ **set forth** ～を規定する
- □ **personnel** 名 人事、人員
- □ **secure a contract**
  契約を獲得する
- □ **retain** 動 ～を保持する
- □ **take over** ～を引き継ぐ
- □ **predecessor** 名 前任者

問題46〜48は次の連絡メモに関するものです。

連絡メモ

宛先： 全スタッフ
差出人：サム・イワタ
日付： 10月31日
件名： 昇進のお知らせ

チームの皆さん

シフトハブの成長と進化を反映したわくわくするニュースを皆さんと共有できることを光栄に思います。ご存じのとおり、ヴィヴィアン・パークは入社以来、チームにとってかけがえのない人材です。彼女がチーフ・クリエイティブ・オフィサーという彼女にふさわしい役職へ昇進したことをお知らせでき、うれしく思います。

パークさんは、まずプログラマーとして採用され、その卓越したスキルとリーダーシップの資質により、すぐに昇進しました。彼女は最近の大ヒットゲームの開発において主導的な役割を果たし、幹部職の理想的な候補となりました。

新設されたこの役職において、パークさんはゲーム制作を引き続き監督することに加え、当社の製品群全体の戦略的方向性を決定する責任者になります。私たちは、彼女が役員会に加わることで新たな視点が得られると確信しています。

パークさんが11月1日付けで新しい役職に移行するにあたり、エド・オリヴェラさんが新しいゲーム制作部長に就任します。オリヴェラさんがこの重要な役職に就き、パークさんが築いた素晴らしい業績を継続することを楽しみにしています。

敬具

サム・イワタ
シフトハブ最高経営責任者

46. この連絡メモの目的は何ですか。

   (A) 従業員に会社の方針について念を押すこと
   (B) 近日開催される式典について話し合うこと
   (C) 勤務シフトの更新を発表すること
   (D) 社員に組織の変更について知らせること

47. パークさんが昇進した理由の1つは何ですか。

   (A) 彼女は創設メンバーの1人である。
   (B) 彼女はいくつかの大型案件を獲得した。
   (C) 彼女はいくつかの業界の賞を受賞した。
   (D) 彼女はチームを率いることに長けている。

48. パークさんについて何が示唆されていますか。

   (A) 彼女はオリヴェラさんが率いる新しいチームに加わる。
   (B) 彼女は別のオフィスに転勤する。
   (C) 彼女は以前の役割からいくつかの業務を保持する。
   (D) 彼女は前任者から引き継ぐ。

To:	Erwin Po
From:	Subscriber Relations, The Hudson Gazette
Date:	January 6
Subject:	Exclusive Subscriber Survey Invitation

Dear Mr. Po,

Thank you for being a dedicated subscriber to *The Hudson Gazette*. We are reaching out because we value your perspective as a reader of our publication. Would you consider taking a few minutes to participate in a survey on our services and content?

We are conducting this survey to collect valuable feedback that will help us improve and better meet the needs of our readership. Only a select group of longtime subscribers, such as yourself, have been invited to share their insights. Your participation is not just welcomed, but critical to the success of the project. As a token of our appreciation, all survey participants will receive a $10 gift card, redeemable at a number of major retailers nationwide.

If you have any topics or issues you are particularly passionate about, you might be interested in sharing those with us through this survey. Your suggestions will be carefully considered for inclusion in our future issues.

To take the survey, please go to www.hudsongazette. com/survey24. We thank you in advance for your valuable feedback.

Kind Regards,

Subscriber Relations, *The Hudson Gazette*

49. Why was the e-mail sent to Mr. Po?

(A) To remind him about a subscription renewal
(B) To invite him to a special event
(C) To seek his feedback on a publication
(D) To notify him about a change in the editorial team

50. What is indicated about a gift card?

(A) It will be offered to some longtime readers.
(B) It is organized for the first time.
(C) It can only be used for publication purchases.
(D) It will be mailed to a registered address.

51. What is Mr. Po encouraged to do?

(A) Appy for a renewal at a discounted price
(B) Indicate topics of his personal interest
(C) Sign up for the digital version of a publication
(D) Invite friends to respond to a questionnaire

125 because（感謝・関連）　　**005** Would you ～?（目的・条件）

　Eメールの目的については、第1段落に We are reaching out because we value your perspective as a reader of our publication. (私たちは、読者としてのあなたの視点を大切にしたいと考えており、そのために連絡をしています) と述べられている。その次の文は具体的に、Would you consider taking a few minutes to participate in a survey on our services and content? (数分のお時間をいただき、私たちのサービスやコンテンツに関するアンケートにご協力いただけないでしょうか) と依頼している。「サービスやコンテンツに関するアンケートに協力する」ということは、「フィードバックを提供する」ことなので、このEメールの目的としては、(C)「刊行物に対するフィードバックを求めるため」が正解。

139 only（強調・要点）　　**110** longtime（過去・経験）
113 as a token of one's appreciation（感謝・関連）

　第2段落に Only a select group of longtime subscribers, such as yourself, have been invited to share their insights. (あなたのような長年の購読者の一部の方々のみが、ご意見をお聞かせいただくよう招待されています) とあるので、アンケートに回答できるのは「長年の購読者」のみだ。同段落には、As a token of our appreciation, all survey participants will receive a $ 10 gift card, redeemable at a number of major retailers nationwide. (感謝のしるしとして、アンケート参加者全員に全国の数多くの主要小売店で利用可能な10ドルのギフトカードを

差し上げます）と、回答者への謝礼が提示されている。これら
の記述から、ギフトカードは「長年の読者に提供される」とす
る(A)が正解。

51. 正解 (B)

| 007 | if（目的・条件） | 144 | particularly（強調・要点） |
| 059 | might be interested in（提案・申し出） |

第3段落に If you have any topics or issues you are par-
ticularly passionate about, you might be interested in
sharing those with us through this survey.（特に関心が高
いトピックや論点があれば、このアンケートを通じてそれらを共有し
ていただいても構いません）とあり、もっと読みたいと思う事柄
をアンケートに書くよう提案されている。よって、ポーさん
が勧められているのは、(B)「個人的に関心のあるトピックを
示す」ことだ。

頻出重要語
17

□ **gazette**
　（新聞名に用いて）〜新聞
□ **meet the needs**
　ニーズを満たす
□ **readership**　名 読者層
□ **share insights**
　見識を共有する

□ **critical**　形 重要な
□ **redeemable**
　形 交換可能な
□ **passionate**　形 熱中した
□ **renewal**　名 更新
□ **questionnaire**
　名 アンケート

問題49〜51は次のEメールに関するものです。

宛先： アーウィン・ポー
差出人：ハドソン・ガゼット 購読者窓口
日付： 1月6日
件名： 購読者限定アンケートのご案内

ポー様

ハドソン・ガゼットの愛読者でいてくださってありがとうございます。私たちは、読者としてのあなたの視点を大切にしたいと考えており、そのために連絡をしています。数分のお時間をいただき、私たちのサービスやコンテンツに関するアンケートにご協力いただけないでしょうか。

このアンケートは、私たちのサービスを改善し、読者の皆様のニーズにより良くお応えするための貴重なフィードバックを収集することを目的に実施しています。あなたのような長年の購読者の一部の方々のみが、ご意見をお聞かせいただくよう招待されています。あなたのご協力は歓迎されるだけでなく、プロジェクトの成功にとって不可欠です。感謝のしるしとして、アンケート参加者全員に全国の数多くの主要小売店で利用可能な10ドルのギフトカードを差し上げます。

特に関心が高いトピックや論点があれば、このアンケートを通じてそれらを共有していただいても構いません。ご提案は、今後の掲載に向けて慎重に検討させていただきます。

アンケートに答えるには、www.hudsongazette.com/survey24へお進みください。貴重なフィードバックにあらかじめ感謝します。

敬具

ハドソン・ガゼット 購読者窓口

49. なぜポーさんに E メールが送られましたか。

   (A) 購読更新について念を押すため
   (B) 特別なイベントへ招待するため
   (C) 刊行物に対するフィードバックを求めるため
   (D) 編集チームの変更を知らせるため

50. ギフトカードについて何が述べられていますか。

   (A) 長年の読者に提供される。
   (B) 初めて企画されている。
   (C) 出版物の購入にのみ使用できる。
   (D) 登録された住所に郵送される。

51. ポーさんは何をするよう勧められていますか。

   (A) 割引価格での更新を申し込む
   (B) 個人的に関心のあるトピックを示す
   (C) 出版物のデジタル版に申し込む
   (D) 友人をアンケートに回答するよう誘う

A Night of Celebration
at The Madison Lakeview Resort

We extend our heartfelt thanks to all our Lakeview Inn guests for your continued loyalty. We are excited to announce that Lakeview Inn has been acquired by and will become a part of the Madison Hotel Group. As a result, we will transform into The Madison Lakeview Resort effective October 1.

Thanks to comprehensive renovations, we are set to enhance every aspect of the guest experience, from fully redesigned rooms and suites to innovative dining experiences in our three brand-new restaurants. The completely upgraded swimming pool area now offers comfortable cabanas, plush lounge chairs, and an inviting snack bar to make it even more relaxing for guests.

Join the opening celebration! We invite you to celebrate the launch of the new Madison Lakeview Resort on Saturday, October 5.

- 6:00 P.M. Welcome Reception
- 7:30 P.M. Gourmet Dinner
- 9:00 P.M. After Party

The festive evening will conclude with a raffle contest that adds a touch of excitement. All the event proceeds will go toward the Environmental Defense Fund, aligning with our commitment to sustainable hospitality.

For more information or to purchase your tickets, please visit our Web site, www.madison.com/lakeview. Please note that this event is exclusively for those aged 21 and over. We are thrilled to share this new chapter in hospitality and look forward to welcoming you.

Best regards,

The Madison Lakeview Resort Team

52. According to the invitation, what happened before October 1?

(A) An eatery was merged with a hotel.
(B) A fundraiser was held for nature conservation.
(C) Extensive renovations were performed.
(D) New land was acquired for a swimming pool.

53. What is available to guests at the Madison Lakeview Resort?

(A) Refreshments at a swimming pool
(B) A buffet dinner at a restaurant
(C) Live music in a ballroom
(D) Concierge services in the lobby

54. What is indicated about the event on October 5?

(A) Attendees of all ages are accepted.
(B) A celebrity guest will make an appearance.
(C) There will be a prize drawing for charity.
(D) There will be a guided tour of the hotel.

077 effective (予定・予測)　　**111 thanks to** (感謝・関連)

第1段落に we will transform into The Madison Lake-view Resort effective October 1 (10月1日より、私たちはマディソン・レイクビュー・リゾートとして生まれ変わります) とあるので、10月1日はマディソン・レイクビュー・リゾートの新装オープンの日だ。また、第2段落には Thanks to comprehensive renovations, we are set to enhance every aspect of the guest experience (全面的な改装により、お客様の体験のあらゆる面を向上させます) とあり、オープンに先がけて改装工事が行われたと記されている。これらの情報をかけ合わせると、10月1日以前に「大規模な改装が行われた」とする (C) が正解。

148 completely (強調・要点)　　**090 now** (近況・決定)
129 offer (特典・報酬)

第2段落には、The completely upgraded swimming pool area now offers comfortable cabanas, plush lounge chairs, and an inviting snack bar to make it even more relaxing for guests. (完全にアップグレードされたプールエリアには、快適な更衣所と豪華なラウンジチェア、魅力的なカウンターレストランがあり、ゲストはさらにゆったりとくつろぐことができます) と、ホテルの新しい魅力であるプールエリアについての説明がある。最後に挙げられたサービスから推測できる (A)「プールでの軽食」が宿泊客が利用できるものであり、正解だ。

> **072 conclude** (予定・予測)　**149 all** (特徴・利点)

第3段落に We invite you to celebrate the launch of the new Madison Lakeview Resort on Saturday, October 5.(新しいマディソン・レイクビュー・リゾートのオープンを記念して、10月5日土曜日に皆様をお招きします) とあるので、10月5日はオープニング記念イベントの日だ。タイムテーブルの下はイベントについての詳細で、そこには、The festive evening will conclude with a raffle contest that adds a touch of excitement. All the event proceeds will go toward the Environmental Defense Fund (めでたい夜は、わくわくする抽選会で締めくくられます。イベントの収益はすべて環境保護基金に寄付されます) とある。よって、この日のイベントについて述べられていることは、(C)「慈善活動のための賞品抽選会がある」が正解。

頻出重要語 18

□ **acquire** 動 ～を買収する

□ **transform into**
　～に変わる

□ **comprehensive**
　形 包括的な

□ **innovative** 形 革新的な

□ **reception** 名 宴会、歓迎会

□ **gourmet** 形 美味な、豪華な

□ **raffle contest** 抽選会

□ **proceeds** 収益

□ **hospitality** 名 おもてなし

□ **eatery** 名 飲食店

□ **fundraiser**
　名 資金集めのイベント

□ **nature conservation**
　自然保護

□ **refreshments** 軽食

□ **buffet**
　名 ビュッフェ、立食の食事

□ **ballroom** 名 舞踏室

□ **concierge**
　名 コンシェルジュ、接客係

問題52〜54は次の招待状に関するものです。

マディソン・レイクビュー・リゾートでの
祝賀の夜

レクビュー・インのゲストの皆さまの日頃のご愛顧に心より感謝申し上げます。レイクビュー・インが買収され、マディソンホテル・グループの一員となることをお知らせいたします。その結果、10月1日より、私たちはマディソン・レイクビュー・リゾートとして生まれ変わります。

全面的な改装により、完全に再設計された部屋とスイートから革新的なダイニング体験を提供する３つの新しいレストランまで、お客様の体験のあらゆる面を向上させます。完全にアップグレードされたプールエリアには、快適な更衣所と豪華なラウンジチェア、魅力的なカウンターレストランがあり、ゲストはさらにゆったりとくつろぐことができます。

オープニング記念イベントにご参加ください！新しいマディソン・レイクビュー・リゾートのオープンを記念して、10月5日土曜日に皆様をお招きします。

- ・午後6時00分 歓迎パーティー
- ・午後7時30分 豪華ディナー
- ・午後9時00分 二次会

めでたい夜は、わくわくする抽選会で締めくくられます。イベントの収益はすべて環境保護基金に寄付され、それは私たちの持続可能なおもてなしへの取り組みに合うものです。

詳細およびチケット購入については、当ホテルのウェブサイト（www.madison.com/lakeview）をご覧ください。このイベントは21歳以上の方のみを対象としていることにご注意ください。私たちのおもてなしにおける新しい章を共有できることをうれしく思い、皆様をお迎えすることを楽しみにしています。

敬具

マディソン・レイクビュー・リゾート・チーム

52. 招待状によると、10月1日以前に何が起こりましたか。

    (A) 飲食店がホテルと合併した。
    (B) 自然保護のために募金活動が行われた。
    (C) 大規模な改装が行われた。
    (D) プールのために新しい土地が買収された。

53. マディソン・レイクビュー・リゾートの宿泊客が利用できるものは何ですか。

    (A) プールでの軽食
    (B) レストランでのビュッフェディナー
    (C) ダンスホールでの生演奏
    (D) ロビーでのコンシェルジュサービス

54. 10月5日のイベントについて何が述べられていますか。

    (A) すべての年齢の出席者が受け入れられる。
    (B) 有名人のゲストが登場する。
    (C) 慈善活動のための賞品抽選会がある。
    (D) ホテルのガイド付きツアーがある。

Questions 55–57 refer to the following e-mail. 119

E-Mail Message

From: Anna Putra
To: Shinji Yamauchi
Date: December 7
Subject: Visit to Japan in March-April

Dear Mr. Yamauchi,

I hope this e-mail finds you well. My name is Dr. Anna Putra, and I serve as a lead scientist at the Netherlands Center for Biomedical Research. I was referred to you by Dr. Jim Yoon. My colleague Dr. Frank Bakker and I are planning a trip to Japan from March 30 to April 10. We are looking to visit Genomitron during this trip, as we have a strong interest in your company's work.

Our team has made what we believe to be groundbreaking advancements in immunotherapy treatments. Given Genomitron's reputation for excellence in this field, we are keen to share our findings and explore a potential partnership. We are certain that such a discussion could be mutually beneficial.

It would be nice to schedule a meeting to discuss how a partnership could potentially lead to the development of medication based on the technologies we have created. Please let us know if you would be available during our time in Japan, as we are finalizing our itinerary and would very much like to include a meeting with you. We look forward to hearing back from you.

Best regards,

Dr. Anna Putra
Netherlands Center for Biomedical Research

55. Why was the e-mail sent?

(A) To refer a researcher to a university
(B) To propose an academic forum
(C) To inquire about a patent application
(D) To solicit a business appointment

56. What is mentioned about Dr. Putra's research?

(A) It has led to innovative advancements.
(B) It has focuses on the Japanese population.
(C) It has gained a reputation among scientists.
(D) It has involved a business partner.

57. What is implied about Mr. Yamauchi?

(A) He reviews applications for research grants.
(B) He works for a pharmaceutical company.
(C) He is in charge of screening job candidates.
(D) He is a lecturer at an educational institution.

024 be looking to do（意向・質問）

第1段落で We are looking to visit Genomitron during this trip, as we have a strong interest in your company's work.（御社の活動に強い関心を持っており、今日の出張中にジェノミトロンを訪問したいと考えています）と、会社を訪問したいという意向が述べられている。つまり、差出人であるプトラ博士は、ヤマウチさんとの「商談の約束を取り付けるため」に連絡を取ったとわかるので、正解は(D)。

プトラ博士はユン博士から紹介されて連絡を取っているが、その目的は「研究者を大学に紹介するため」ではないので、(A)は適当ではない。

143 believe（強調・要点）

プトラ博士は自身の研究について、第2段落で Our team has made what we believe to be groundbreaking advancements in immunotherapy treatments.（私たちのチームは、免疫療法において画期的な進歩を遂げたと確信しています）と述べている。よって、正解は(A)「革新的な進歩につながった」。

同段落に we are keen to share findings and explore a potential partnership（私たちは研究結果を共有し、提携の可能性を探っていきたいと考えています）とはあるが、すでに「ビジネスパートナーを参加させている」という情報はないので、(D)は適当ではない。

066 would be nice to do (提案・申し出)

　第3段落でIt would be nice to schedule a meeting to discuss how a partnership could potentially lead to the development of medication based on the technologies we have created.(私たちが創り出した技術に基づく医薬品の開発に向けて、どのような提携が可能か話し合うミーティングを設定できれば幸いです) と、プトラ博士がヤマウチさんに提携関係についての話し合いを提案している。ヤマウチさんの会社は「医薬品の開発」が可能であると述べられていることから、彼は「製薬会社で働いている」と推測できるので、(B)が正解。

頻出重要語
19

□ **refer A to B**
　AをBに紹介する

□ **colleague** 名 同僚

□ **groundbreaking**
　形 画期的な

□ **explore** 動 ～を探求する

□ **mutually beneficial**
　相互に有益な

□ **itinerary** 名 旅程

□ **patent** 名 特許

□ **solicit** 動 ～を強く求める

□ **grant** 名 助成金

□ **pharmaceutical**
　形 製薬の

□ **screen job candidates**
　求職者を選別する

□ **educational institution**
　教育機関

227

問題 55～57 は次の E メールに関するものです。

差出人：アナ・プトラ
宛先：　シンジ・ヤマウチ
日付：　12 月 7 日
件名：　3 月～4 月の日本訪問

ヤマウチ様

この E メールがお元気でいらっしゃる時に届くことを願っています。私の名前はアナ・プトラ博士で、オランダ生物医学研究センターで主任科学者を務めています。ジム・ユン博士からご紹介を受けました。私の同僚であるフランク・バッカー博士と私は、3 月 30 日から 4 月 10 日まで日本へ行く計画を立てています。御社の活動に強い関心を持っており、今回の出張中にジェノミトロンを訪問したいと考えています。

私たちのチームは、免疫療法において画期的な進歩を遂げたと確信しています。ジェノミトロンがこの分野で卓越した評価を得ていることから、私たちは研究結果を共有し、提携の可能性を探っていきたいと考えています。このような話し合いは相互に有益であると確信しています。

私たちが創り出した技術に基づく医薬品の開発に向けて、どのような提携が可能か話し合うミーティングを設定できれば幸いです。私たちが日本に滞在している間、貴方がご都合がよいかどうかお知らせいただければ幸いです。私たちは旅程を最終調整しており、ぜひ貴方との会合を含めたいと考えています。ご連絡いただけることをお待ちしています。

敬具

アナ・プトラ博士
オランダ生物医学研究センター

55. この Eメールはなぜ送られましたか。

(A) 研究者を大学に紹介するため
(B) 学術討論会を提案するため
(C) 特許申請について問い合わせるため
(D) 商談の約束を取り付けるため

56. プトラ博士の研究について何が述べられていますか。

(A) 革新的な進歩につながった。
(B) 日本人を対象としてきた。
(C) 科学者の間で評判を得ている。
(D) ビジネスパートナーを参加させている。

57. ヤマウチさんについて何が示唆されていますか。

(A) 研究助成金の申請を審査する。
(B) 製薬会社で働いている。
(C) 求職者の選考を担当している。
(D) 教育機関の講師である。

Questions 58–60 refer to the following online chat discussion. ◀ 120

Emily Luo [3:05 P.M.]
Hi, team. It's time to start organizing our annual company retreat. Any ideas on location?

Tom Cavalera [3:07 P.M.]
How about the McDonald Ranch?

Sandra Khan [3:08 P.M.]
We were there a couple of years ago, right? It was a nice place.

Emily Luo [3:10 P.M.]
Sounds good. As for the date, what about the first week in September?

Tom Cavalera [3:12 P.M.]
First week won't work for us. I have scheduled quarterly one-on-one meetings with my team.

Sandra Khan [3:14 P.M.]
Same here. Most sales reps will be at the MIPA Show from September 3 to 5.

Emily Luo [3:15 P.M.]
What about the second week? Any conflicts?

Tom Cavalera [3:18 P.M.]
Should be clear on my team. Sandra?

Sandra Khan [3:19 P.M.]
That works for Sales. But do you remember when we had the meeting there with both the Sales Department and the Marketing Department, Tom? The Wi-Fi connection often got disrupted. I'm sure some participants will be supposed to attend video conferences while we are there.

Emily Luo [3:22 P.M.]
Good call, Sandra. I'll check with the ranch to see if the wireless Internet situation has improved.

Tom Cavalera [3:24 P.M.]
Sounds like a plan.

Sandra Khan [3:25 P.M.]
Once the location is confirmed, we can finalize the dates to make sure that they work for all departments.

Emily Luo [3:26 P.M.]
Let's aim to fix everything before the end of the month.

---

58. At 3:14 P.M., what does Ms. Khan imply when she writes, "Same here"?

(A) A proposed location for an event should be suitable.
(B) Some members of her team will be available to participate.
(C) A company event should be held on different dates.
(D) Some quarterly meetings will conflict with a suggestion.

59. What is suggested about Mr. Cavalera?

(A) He is in charge of marketing activities.
(B) He has finalized a reservation with a venue.
(C) He will handle equipment at a trade show.
(D) He disagrees with Ms. Khan's concern.

60. According to the discussion, what is required of an event venue?

(A) Proximity to the office
(B) Availability on a particular date
(C) Ample capacity of the rooms
(D) Stable Internet access

085 work（予定・予測）

　ルオさんから提案された社員研修旅行の日程について、カヴァレラさんは3時12分に First week won't work for us. I have scheduled quarterly one-on-one meetings with my team.（最初の週は無理です。チームの四半期ごとの1対1のミーティングを予定しています）と、都合が悪いことを伝えている。これに対してカーンさんは、3時14分に Same here. Most sales reps will be at the MIPA Show from September 3 to 5.（こちらも同じです。ほとんどの営業担当者は9月3日から5日までMIPAショーに行っています）と返信している。つまり、カーンさんは「会社のイベントは異なる日に開催されるべきである」と述べていると解釈できるので、正解は(C)。

　カーンさんのチームは9月第1週にはショーに参加しており、「四半期ごとの会議」があるわけではないので、(D)は適切ではない。

051 but（問題・懸念）　　　　027 直接疑問文（意向・質問）

　ルオさんは、3時15分に What about the second week? Any conflicts?（それでは2週目はどうですか。予定に問題はありますか）と質問している。それに対してカヴァレラさんは、3時18分に Should be clear on my team. Sandra?（私のチームは大丈夫です。サンドラはどうですか）と返している。カーンさんも3時19分に That works for Sales. But do you remember when we had the meeting there with both the Sales Department and the Marketing Department, Tom?（営業

部は大丈夫です。でも、トム、以前にそこで営業部とマーケティング部が合同で会議をした時のことを覚えていますか）と返信している。これらの記述から、カーンさんは営業部に所属しているとわかる。一方、カヴァレラさんはカーンさんとは別のチームで、かつ「営業部とマーケティング部の合同会議」に出席していたことから、マーケティング部に属していると推測できる。よって、カヴァレラさんについて示唆されていることは、(A)「マーケティング活動の担当である」が正解。

60. 正解 (D)

143	be sure (強調・要点)
029	be supposed to do (注意・義務)
062	will do (提案・申し出)

　社員研修旅行の候補地であるマクドナルド牧場について、カーンさんは3時19分に The Wi-Fi connection often got disrupted. I'm sure some participants will be supposed to attend video conferences while we are there. (Wi-Fi接続がたびたび途切れました。私たちがそこにいる間にビデオ会議に出席することになっているメンバーもいるはずです）と述べている。これに対して、ルオさんは3時22分に Good call, Sandra. I'll check with the ranch to see if the wireless Internet situation has improved. (サンドラ、いい指摘ですね。牧場にワイヤレス・インターネットの状況が改善されたかどうか確認します）と返信している。これらのやり取りから、社員研修旅行の候補地はWi-Fiでインターネットに安定的に接続できることが条件だとわかる。よって、イベント会場に求められることは、(D)「安定したインターネットアクセス」が正解。

□ **organize** 動 〜を企画する

□ **company retreat**
社員研修旅行

□ **ranch** 名 牧場

□ **sales rep** (= sales representative) 営業担当者

□ **conflict**
名 予定がかち合うこと

□ **clear** 形 予定が空いている

□ **disrupt** 動 〜を中断させる

□ **Good call.**
いい指摘ですね。

□ **Sounds like a plan.**
いいですね。

□ **proximity** 名 近いこと

□ **ample** 形 十分な

□ **stable** 形 安定した

和訳

問題58〜60は次のオンラインチャットの話し合いに関するものです。

エミリー・ルオ（午後3時05分）
チームの皆さん、こんにちは。毎年恒例の社員研修旅行の企画をし始める時が来ました。場所について何かアイデアはありますか。

トム・カヴァレラ（午後3時07分）
マクドナルド牧場はどうですか。

サンドラ・カーン（午後3時08分）
数年前に行きましたよね。良いところでした。

エミリー・ルオ（午後3時10分）
いいと思います。日程については、9月の最初の週はどうですか。

トム・カヴァレラ（午後3時12分）
最初の週は無理です。チームの四半期ごとの1対1のミーティングを予定しています。

サンドラ・カーン（午後3時14分）
こちらも同じです。ほとんどの営業担当者は9月3日から5日まで
MIPAショーに行っています。

エミリー・ルオ（午後3時15分）
それでは2週目はどうですか。予定に問題はありますか。

トム・カヴァレラ（午後3時18分）
私のチームは大丈夫です。サンドラはどうですか。

サンドラ・カーン（午後3時19分）
営業部は大丈夫です。でも、トム、以前にそこで営業部とマーケティ
ング部が合同で会議をした時のことを覚えていますか。Wi-Fi接続
がたびたび途切れました。私たちがそこにいる間にビデオ会議に出
席することになっているメンバーもいるはずです。

エミリー・ルオ（午後3時22分）
サンドラ、いい指摘ですね。牧場にワイヤレス・インターネットの
状況が改善されたかどうか確認します。

トム・カヴァレラ（午後3時24分）
いいですね。

サンドラ・カーン（午後3時25分）
場所が確定されたら、すべての部門に都合のよい日程を決定しま
しょう。

エミリー・ルオ（午後3時26分）
月末までにすべてを確定させるようにしましょう。

58. 午後3時14分に、「こちらも同じです」と書いたとき、カーン
さんは何を示唆していますか。

　　(A) イベントのために提案された場所は適切だろう。
　　(B) 彼女のチームの何人かは参加できる。
　　(C) 会社のイベントは異なる日に開催されるべきである。
　　(D) いくつかの四半期ごとの会議が提案の時間と重なる。

59. カヴァレラさんについて何が示唆されていますか。

　　(A) マーケティング活動の担当である。
　　(B) 会場の予約を確定した。
　　(C) 展示会で機材を扱う。
　　(D) カーンさんの懸念に賛同していない。

60. 話し合いによると、イベント会場には何が求められますか。

　　(A) オフィスに近いこと
　　(B) 特定の日に利用できること
　　(C) 部屋の十分な収容力
　　(D) 安定したインターネットアクセス

Drip by Drip: Monica Wong's long-awaited book on marketing excellence

In her latest book, *Drip by Drip*, renowned marketing expert Monica Wong analyzes what makes small businesses thrive. Wong shared her insights in an interview with *The Albany Post* for her first publication in five years. "Anyone in business will have something to take away from this book. However, as I have included many cases of restaurants and cafés, the book can also be a perfect guide for struggling eateries to help them become local favorites," Wong explained.

Wong's book begins by highlighting the significance of catering to the right customers beyond just perfecting the product or service. "If you have a clear vision of whom you seek to serve, everything else will then fall into place," Wong reminds readers.

A substantial section of her book is spent exploring how to position a business effectively. Given that the market is often saturated, Wong asserts that offering great services alone is not enough to stand out. She also illustrates the role of social media in attracting customers, using successes such as Urban Anthem and Johnson's Grill as examples.

The timing of the book's launch is especially relevant, given restaurants across upstate New York are facing difficult times. Wong is scheduled to give a talk and sign books on July 21 at the Book Arcade store in Springfield.

Home | Restaurants | **Reviews** | Contact Us

★★★★☆

Hey Sushi

Review posted by Mark Horstman, September 10

Having been a regular at Hey Sushi since its early days, I was pleasantly surprised during our last visit. The restaurant has expanded its seating area, which makes it more accommodating for families. My children's eyes lit up at the sight of new fusion dishes like corn tempura and sausage rolls.

I spoke to the owner, Mr. Yamato, who mentioned deciding on the makeover after attending Monica Wong's event at the nearby book store. This restaurant is definitely worth a visit for an enjoyable family dining experience.

61. According to the article, what can readers most likely learn from *Drip by Drip*?

(A) When to raise funds for businesses
(B) Which services of their businesses to improve
(C) Where to place advertisements in newspapers
(D) How to identify potential customers

62. What is most likely true about Ms. Wong?

(A) She contributes columns to a newspaper.
(B) She draws illustrations herself.
(C) She has written several books.
(D) She offers consultations to restaurants.

63. What is implied about Urban Anthem?

(A) It was transformed following Ms. Wong's direction.
(B) It was recently featured in *The Albany Post*.
(C) It effectively captured people's attention.
(D) It became popular because of its quality menu.

64. Why was Mr. Horstman surprised?

(A) A celebratory event was being held.
(B) A facility has become more family friendly.
(C) The décor of a restaurant was impressive.
(D) The ownership of a business has changed.

65. What is suggested about Hey Sushi?

(A) It was temporarily closed in July.
(B) It specializes in authentic cuisine.
(C) It provides children with toys.
(D) It is located in Springfield.

138 highlight（強調・要点） **018 remind（意向・質問）**

　ウォンさんの著書である『ドリップ・バイ・ドリップ』の内容については、記事の第2段落に Wong's book begins by highlighting the significance of catering to the right customers beyond just perfecting the product or service. （ウォンの本は、製品やサービスを完璧にするだけでなく、ふさわしい顧客に仕えることの重要性を強調することから始まります）とある。続いて、"If you have a clear vision of whom you seek to serve, everything else will then fall into place," Wong reminds readers. （「誰にサービスを提供したいのかという明確なビジョンがあれば、それ以外のことはすべてうまくいきます」とウォンは読者に気づきを与えます）とも述べられている。これらの記述から、読者が彼女の本から学べることとしては、(D)「潜在的な顧客を特定する方法」が正解。

087 latest（近況・決定）

　記事の冒頭文に、In her latest book, *Drip by Drip*, renowned marketing expert Monica Wong analyzes what makes small businesses thrive. （最新作『ドリップ・バイ・ドリップ』で、著名なマーケティングの専門家であるモニカ・ウォンは、小規模ビジネスが成功する要因を分析します）とある。つまり、著者のウォンさんは以前にも本を出版していることが推測できる。よって、彼女について正しいこととしては、(C)「彼女は複数の本を書いている」が正解。

　なお、同段落に her first publication in five years とあるが、これは「彼女の5年ぶりの出版物」の意味なので、「初

めての出版」と誤読しないように注意しよう。

63. 正解 (C)

011 enough（目的・条件）　　**162** also（特徴・利点）

記事の第3段落には Given that the market is often saturated, Wong asserts that offering great services alone is not enough to stand out. （市場がしばしば飽和状態にあることを考えると、素晴らしいサービスを提供するだけでは目立つのに十分ではないとウォンは主張します）とあり、ビジネスにとって目立つことが重要であると述べられている。それに続く文は、She also illustrates the role of social media in attracting customers, using successes such as Urban Anthem and Johnson's Grill as examples. （また、彼女はアーバン・アンセムやジョンソンズ・グリルといった成功例を取り上げ、集客におけるソーシャルメディアの役割を解説しています）と記している。これらの記述から、アーバン・アンセムという店は、ビジネスを差別化するためにソーシャルメディアを活用した成功例として紹介されていると解することができる。よって、同店について示唆されていることは、(C)「効果的に人々の注目を集めた」である。

64. 正解 (B)

186 関係詞（特徴・利点）　　**156** 比較級（特徴・利点）

Horstman はオンラインレビューの投稿者だ。レビューの冒頭文に I was pleasantly surprised during our last visit （いちばん最近の訪問時にうれしい驚きを受けました）とあるので、設問文が問う「驚いた理由」はこの後に述べられると推測で

きる。続く文には、The restaurant has expanded its seating area, which makes it more accommodating for families. (レストランは座席エリアを拡大し、家族連れにより親切になっていました) とあるので、正解は(B)「施設がより家族向けになっていた」。

65. 正解 (D)

184	nearby (特徴・利点)
071	be scheduled to do (予定・予測)

オンラインレビューの第2段落に、I spoke to the owner, Mr. Yamato, who mentioned deciding on the makeover after attending Monica Wong's event at the nearby book store. (オーナーのヤマトさんと話をしましたが、近くの書店でモニカ・ウォンのイベントに参加した後、改装を決意したと言っていました) とあるので、ヘイ・スシはウォンさんのイベントが開催された書店の近くにあるとわかる。

そして、記事の第4段落にある Wong is scheduled to give a talk and sign books on July 21 at the Book Arcade store in Springfield. (ウォンは、7月21日にスプリングフィールドのブック・アーケードの店舗で講演とサイン会を行う予定です) という記述から、その書店はスプリングフィールドという町にあることが読み取れる。

これらの情報をかけ合わせると、ヘイ・スシというレストランは「スプリングフィールドにある」と推測できるので、(D)が正解。

□ **long-awaited**
  形 待ち望まれた

□ **take away from**
  ～から学ぶ

□ **struggle** 動 苦闘する

□ **eatery** 名 飲食店

□ **significance** 名 重要性

□ **cater to** ～の要求に応じる

□ **beyond**
  前 ～を越えて、～以上に

□ **serve** 動 ～を提供する

□ **fall into place**
  うまくいく、問題が解決する

□ **explore** 動 ～を探求する

□ **effectively** 副 効果的に

□ **saturated** 形 飽和した

□ **stand out** 際立つ

□ **illustrate** 動 ～を説明する

□ **launch** 名 発売、開始

□ **relevant**
  形 関連のある、価値を持つ

□ **face** 動 ～に直面する

□ **pleasantly** 副 心地よく

□ **expand** 動 ～を拡大する

□ **accommodating**
  形 融通のきく

□ **makeover** 名 改造、改修

□ **worth** 形 ～の価値がある

□ **raise funds** 資金を集める

□ **identify** 動 ～を特定する

□ **contribute**
  動 ～を寄稿する

□ **transform**
  動 ～を一変させる

□ **capture** 動 ～を引きつける

□ **celebratory** 形 祝いの

□ **décor** 名 装飾

□ **impressive** 形 印象的な

□ **ownership** 名 所有権

□ **temporarily** 副 一時的に

□ **authentic** 形 本物の

□ **cuisine** 名 料理

問題61〜65は次の記事とオンラインレビューに関するものです。

『ドリップ・バイ・ドリップ』：マーケティングの真髄についての
モニカ・ウォンの待望の書

最新作『ドリップ・バイ・ドリップ』で、著名なマーケティングの
専門家であるモニカ・ウォンは、小規模ビジネスが成功する要因を
分析します。ウォンは、5年ぶりの出版となる本書について、オー
ルバニ・ポストのインタビューで見解を述べました。「ビジネスに
関わる人なら誰でも、この本から何かを得られるでしょう。しか
し、多くのレストランやカフェのケースを取り上げているので、こ
の本は苦労している飲食店が地域の人気店になるための完璧なガイ
ドにもなり得ます」と、ウォンは説明しました。

ウォンの本は、製品やサービスを完璧にするだけでなく、ふさわし
い顧客に仕えることの重要性を強調することから始まります。「誰
にサービスを提供したいのかという明確なビジョンがあれば、それ
以外のことはすべてうまくいきます」と、ウォンは読者に気づきを
与えます。

彼女の本の大部分は、ビジネスを効果的に位置づける方法を探求す
ることに費やされています。市場がしばしば飽和状態にあることを
考えると、素晴らしいサービスを提供するだけでは目立つのに十分
ではないとウォンは主張します。また、彼女はアーバン・アンセム
やジョンソンズ・グリルといった成功例を取り上げ、集客における
ソーシャルメディアの役割を解説しています。

ニューヨーク州北部のレストランが困難な時期に直面している中、
本書の発売のタイミングは特に有意義です。ウォンは、7月21日に
スプリングフィールドのブック・アーケードの店舗で講演とサイン
会を行う予定です。

ホーム | レストラン | レビュー | お問い合わせ

★★★★☆

ヘイ・スシ

レビュー投稿者：マーク・ホーストマン、9月10日

オープン当初からヘイ・スシの常連である私は、いちばん最近の訪問時にうれしい驚きを受けました。レストランは座席エリアを拡大し、家族連れにより親切になっていました。コーン天ぷらやソーセージロールといった新しい多国籍料理を見て、子供たちの目は輝きました。

オーナーのヤマトさんと話をしましたが、近くの書店でモニカ・ウォンのイベントに参加した後、改装を決意したと言っていました。このレストランは、楽しい家族での食事体験のために間違いなく訪れる価値があります。

61. 記事によると、『ドリップ・バイ・ドリップ』から読者はおそらく何を学ぶことができますか。

　　(A) 事業の資金を調達すべき時期
　　(B) 改善すべき自社の事業
　　(C) 新聞広告の掲載場所
　　(D) 潜在的な顧客を特定する方法

62. ウォンさんについて正しいことはおそらく何ですか。

　　(A) 彼女は新聞にコラムを寄稿している。
　　(B) 彼女は自分でイラストを描く。
　　(C) 彼女は複数の本を書いている。
　　(D) 彼女はレストランの相談に応じている。

63. アーバン・アンセムについて何が示唆されていますか。

　　(A) ウォンさんの指導に従って変化を遂げた。
　　(B) 最近オールバニ・ポストで特集された。
　　(C) 効果的に人々の注目を集めた。
　　(D) 質の高いメニューによって人気を博した。

64. ホーストマンさんはなぜ驚きましたか。

　　(A) 祝賀イベントが開催されていた。
　　(B) 施設がより家族向けになっていた。
　　(C) レストランの装飾が印象的だった。
　　(D) ビジネスの所有権が変わっていた。

65. ヘイ・スシについて何が示唆されていますか。

　　(A) 7月に一時的に閉店していた。
　　(B) 本格的な料理を専門としている。
　　(C) 子供におもちゃを提供している。
　　(D) スプリングフィールドにある。

Questions 66–70 refer to the following e-mail and announcement. ◀ 122

```
══════════════════ E-Mail Message ══════════════════

To:        Maria Sanchez <marias@avalonfarm.com>

From:      Russell Singh <r.singh@openfuturetech.com>

Date:      May 8

Subject:   Re: Health Monitoring Solutions


Dear Ms. Sanchez,

Thank you for taking the time to meet with me last
week. I was inspired by the dedicated care you show
towards the retired racehorses. It is clear that their
well-being has been Avalon Farm's utmost priority
since you established it. You have also developed a
supportive donor network to fund this cause. I believe
our technology can help you further achieve your goals.

Our wearable devices, which we have adapted to use
on horses, are designed to keep a vigilant eye on the
animals' well-being around the clock. In addition, we
are willing to conduct regular on-site inspections and
maintenance to ensure the technology continues to
serve your needs.

I would also like to discuss adding some video cameras
to the package. The cameras would cost extra in
addition to the standard package, but video capability
would also be a unique selling feature and attract a
wider audience.

Could we schedule a follow-up meeting at your
convenience? I am looking forward to hearing back
from you.

Best regards,

Russell Singh
Open Future Technologies
```

Introducing New Health Monitoring Technology & Membership Benefits

We are excited to share some significant updates from Avalon Farm, your trusted sanctuary for retired racehorses. In our continuous effort to provide the highest standard of care, we have recently implemented cutting-edge health monitoring technology across our facilities. This advance allows us to monitor our horses' health more closely than ever before, helping them stay in the best condition in their retirement.

We are also thrilled to introduce an innovative new feature to our membership benefits. Our members will now have the option to watch streaming video of the horses you have pledged to support. This addition will allow members to observe the horses' daily lives and be assured they are healthy and happy.

Our farm tours, guided by the founder, will continue to be conducted on Wednesdays and Saturdays and are open to the public. Reservations are required for non-members, and children under the age of ten must be accompanied by an adult.

To inquire about membership options, guided tours, or ways to support Avalon Farm financially, please contact our customer relations manager, Andy Jones, at andyj@avalonfarm.com.

66. What is one purpose of the e-mail?

(A) To promote a health-monitoring technology
(B) To provide a revised cost estimate for maintenance
(C) To schedule a visit to an agricultural farm
(D) To arrange staff training on the latest technology

67. What does Mr. Singh offer to do?

(A) Acquire a share of a business
(B) Provide service on the premises
(C) Make machine repairs for free
(D) Devise marketing strategies

68. What can be concluded about Avalon Farm?

(A) It provides veterinary training programs for horse enthusiasts.
(B) It has agreed to pay extra on top of the standard package.
(C) It specializes in breeding racehorses for competitive events.
(D) It has reduced human care by implementing automated systems.

69. What is indicated about farm tours?

    (A) They are exclusive to members.
    (B) They are organized only on weekends.
    (C) They are limited to adults.
    (D) They are led by Ms. Sanchez.

70. According to the announcement, why most likely would someone contact Mr. Jones?

    (A) To find out how to donate
    (B) To apply for open positions
    (C) To ask about racing schedules
    (D) To purchase some devices

143 believe（強調・要点）　　**002** help〈人〉do（目的・条件）
194 around the clock（特徴・利点）

　Eメールの差出人であるシンさんは、第1段落で、I believe our technology can help you further achieve your goals.（私たちの技術があなたの目標のさらなる実現に役立つと信じています）と述べ、自社の技術を売り込んでいる。その技術の詳細については、第2段落に、Our wearable devices, which we have adapted to use on horses, are designed to keep a vigilant eye on the animals' well-being around the clock.（私たちが馬用に改造した装着可能な機器は、24時間体制で馬の健康を見守るように設計されています）と説明されている。よって、このEメールの目的は、(A)「健康管理の技術を推奨すること」が正解。

021 willing to do（意向・質問）
192 on-site（特徴・利点）

　シンさんはEメールの第2段落で、In addition, we are willing to conduct regular on-site inspections and maintenance to ensure the technology continues to serve your needs.（さらに、その技術が引き続きあなたのニーズに応えることを保証するために、私たちは定期的な現場での検査とメンテナンスを進んで行います）と、保守点検サービスを提供することを申し出ている。よって、この文中のon-site（現場での）をon the premises（敷地内で）と言い換えた(B)「敷地内で点検を行う」が正解。

177	extra（特徴・利点）	168	in addition to（特徴・利点）
116	thrilled（感謝・関連）	090	now（近況・決定）

アヴァロン・ファームへの提案を目的とするEメールの第3段落でシンさんは、I would also like to discuss adding some video cameras to the package.（パッケージにビデオカメラを追加することについても話し合いたいと考えています）と、機器の追加導入に言及している。続く文では、The cameras would cost extra in addition to the standard package, but video capability would also be a unique selling feature and attract a wider audience.（カメラは標準パッケージに追加で費用がかかりますが、ビデオ機能は独自の売りにもなり、より広い観客を惹きつけるでしょう）と、それに伴う追加料金が発生することを説明している。

次に、アヴァロン・ファームの最新情報について記したお知らせの第2段落に着目すると、We are also thrilled to introduce an innovative new feature to our membership benefits.（会員特典に革新的な新しい特色を導入できることもうれしく思います）と、新しいサービスの開始が紹介されている。それに続く文には、Our members will now have the option to watch streaming video of the horses you have pledged to support.（皆さんがサポートすることを約束した馬のストリーミングビデオを見るオプションが会員に提供されるようになります）とあり、その新しいサービスとは、ストリーミングビデオの視聴であることがわかる。

これらの情報をかけ合わせると、アヴァロン・ファームはビデオカメラを導入するという提案を受け入れ、追加料金を支払ったと推測できるので、正解は(B)「標準パッケージへの追加料金を支払うことに同意した」。

| **190** 過去分詞（特徴・利点） | **102** since（過去・経験） |

　設問文が問う「牧場ツアー」については、お知らせの第3段落に Our farm tours, guided by the founder, will continue to be conducted on Wednesdays and Saturdays and are open to the public. （牧場ツアーは、創設者によるガイド付きで、水曜日と土曜日に引き続き実施され、一般公開されます）と説明されている。

　そして、Eメールの第1段落には It is clear that their well-being has been Avalon Farm's utmost priority since you established it. （あなたがアヴァロン・ファームを設立した当初から、馬たちの幸せが最優先事項であることがわかりました）とあるので、牧場の創設者はEメールの宛先であるサンチェスさんだと断定できる。

　これらの情報をかけ合わせると、牧場ツアーについて述べられていることとしては、(D)「サンチェスさんによって引率される」が正解である。

　お知らせの第3段落に open to the public（一般に公開されている）とあるので、牧場ツアーが「会員に限定されている」とする(A)は適切ではない。同段落には、accompany（～に同行する）を用いて、「10歳未満のお子様は大人の同伴が必要です」とは記されているが、子供の参加が断られるわけではないので、(C)「大人に限られている」も不適切。

025 inquire about (意向・質問)　**006 Please ～** (目的・条件)

　お知らせの第4段落に、To inquire about membership options, guided tours, or ways to support Avalon Farm financially, please contact our customer relations manager, Andy Jones, at andyj@avalonfarm.com. (会員権のオプションやガイド付きツアー、アヴァロン・ファームを経済的に支援する方法についてのお問い合わせは、顧客対応担当のアンディ・ジョーンズ宛に andyj@avalonfarm.com までご連絡ください) とあるので、ジョーンズさんは問い合わせ窓口の担当者であるとわかる。同文で3つ目に挙げられた用件が(A)「寄付の方法を知るため」と合致するので、これがジョーンズさんに連絡する理由として正解。アヴァロン・ファームでは「競走」は行っていないので、(C)は不適切。

頻出重要語 22

□ **dedicated** 形 献身的な
□ **well-being** 名 幸福、健康
□ **utmost** 形 最大限の
□ **wearable** 形 装着可能な
□ **inspection** 名 検査
□ **capability** 名 能力
□ **implement** 動 ～を実装する
□ **advance** 名 進歩
□ **pledge** 動 ～を誓う
□ **observe** 動 ～を観察する

□ **revise** 動 ～を修正する
□ **cost estimate** 費用見積もり
□ **agricultural** 形 農業の
□ **acquire** 動 ～を獲得する、～を買収する
□ **devise** 動 ～を考案する
□ **veterinary** 形 獣医の
□ **enthusiast** 名 熱心な人
□ **breed** 動 ～を繁殖させる
□ **donate** 動 ～を寄付する

問題66〜70は次のEメールとお知らせに関するものです。

宛先：マリア・サンチェス <marias@avalonfarm.com>
差出人：ラッセル・シン <r.singh@openfuturetech.com>
日付：5月8日
件名：Re: 健康モニタリング機器

サンチェス様

先週は打ち合わせの時間を取っていただいてありがとうございました。引退した競走馬を熱心にお世話されていることに感銘を受けました。あなたがアヴァロン・ファームを設立した当初から、馬たちの幸せが最優先事項であることがわかりました。あなたは、この活動に資金を提供する協力的な寄付者のネットワークも構築しました。私たちの技術があなたの目標のさらなる実現に役立つと信じています。

私たちが馬用に改造した装着可能な機器は、24時間体制で馬の健康を見守るように設計されています。さらに、その技術が引き続きあなたのニーズに応えることを保証するために、私たちは定期的な現場での検査とメンテナンスを進んで行います。

パッケージにビデオカメラを追加することについても話し合いたいと考えています。カメラは標準パッケージに追加で費用がかかりますが、ビデオ機能は独自な売りにもなり、より広い観客を惹きつけるでしょう。

ご都合の良い時に再度の打ち合わせを設定できますか。ご返答を楽しみにしております。

敬具

ラッセル・シン
オープン・フューチャー・テクノロジーズ

新しい健康モニタリング技術と会員特典の紹介

引退した競走馬の信頼された保護区であるアヴァロン・ファームから、いくつかの重要な最新情報をお伝えできることをうれしく思います。最高水準のケアを提供するという私たちの継続的な努力の一環として、最近私たちの施設全体に最先端の健康モニタリング技術を導入しました。この進歩により、これまで以上に馬の健康を密接に監視し、彼らが引退後の生活で最良の状態を保てるようになります。

会員特典に革新的な新しい特色を導入できることもうれしく思います。皆さんがサポートすることを約束した馬のストリーミングビデオを見るオプションが会員に提供されるようになります。この追加機能により、会員は馬の日常生活を観察し、彼らが健康で幸せであると安心できるようになります。

牧場ツアーは、創設者によるガイド付きで、水曜日と土曜日に引き続き実施され、一般公開されます。非会員は予約が必要で、10歳未満のお子様は大人の同伴が必要です。

会員権のオプションやガイド付きツアー、アヴァロン・ファームを経済的に支援する方法についてのお問い合わせは、顧客対応担当のアンディ・ジョーンズ宛に andyj@avalonfarm.com までご連絡ください。

66. このEメールの目的の1つは何ですか。

　　(A) 健康管理の技術を推奨すること

　　(B) メンテナンスの改訂された費用見積もりを提供すること

　　(C) 農園への訪問を設定すること

　　(D) 最新の機器に関するスタッフ研修を手配すること

67. シンさんは何をすると申し出ていますか。

　　(A) 事業の一部を取得する

　　(B) 敷地内で点検を行う

　　(C) 無料で機械の修理を行う

　　(D) マーケティング戦略を考案する

68. アヴァロン・ファームについて何が推論できますか。

　　(A) 馬愛好家のための獣医学トレーニングプログラムを提供している。

　　(B) 標準パッケージへの追加料金を支払うことに同意した。

　　(C) 競技イベントのために競走馬を繁殖させることを専門としている。

　　(D) 自動化システムを導入することで人間によるケアを減らした。

69. 牧場ツアーについて何が述べられていますか。

　　(A) 会員に限定されている。

　　(B) 週末にのみ運営される。

　　(C) 大人に限られている。

　　(D) サンチェスさんによって引率される。

70. お知らせによると、誰かがジョーンズさんに連絡するのはおそらくなぜですか。

　　(A) 寄付の方法を知るため

　　(B) 空席の職に応募するため

　　(C) 競走の予定について尋ねるため

　　(D) 機器を購入するため

Questions 71–75 refer to the following text message, Web page, and review.

◀ 123

Hi Mr. Vazquez,

Thank you for giving us a pitch last week. We find your appliance rental business concept quite feasible. XC Venture Capital is interested in becoming the lead investor in your business.

However, we're concerned that only offering monthly rental plans might not be sufficient for long-term profitability. I suspect many users would rent for a month and that would be it.

Have you considered ways to encourage customers to opt for longer rental periods? Adjusting pricing models or implementing minimum rental periods could be effective here. Looking forward to bringing Rentica closer to reality!

Nicole Flores

---

https://www.rentica.com/rental/10458

Welcome to Rentica—Your Go-To Appliance Rental Service

Item 10458
Bluebird Automatic Coffee Maker BB-648 [6-cup Model]

Product status: New
Warranty: Included
Purchasing option: Possible after rental
Rental Plans: Monthly Subscription $30 per month, available for three to twelve months
Flexi Rental Plan $60 for two weeks, $15 per week afterwards

Designed for efficiency and convenience, capable of brewing up to six cups of coffee in one cycle. Perfect for both family use and small office settings.

Title: Happy with Bluebird Coffee Maker BB-648
Review by: Marie Silva

I had been looking for a way to try a Bluebird coffee maker before making a purchase and, after some online research, I discovered Rentica. Initially, I had planned to rent the coffee maker for just a month. But upon realizing that a three-month rental was nearly the same cost, extending the rental period became an appealing option.

When I started using the coffee maker, I was at first taken aback by its grinding noise. However, I gradually became accustomed to its sounds. Overall, the coffee maker has met most of my expectations. The quality of coffee it brews is pure joy.

As my rental period is nearing its end, I wish it were possible to keep the machine without having to return it. I will definitely buy the same model from an appliance store in town.

Rating: 4.5/5

71. For what type of business does Ms. Flores most likely work?

(A) An appliance store
(B) A publishing company
(C) A financial firm
(D) A vehicle rental business

72. According to the Web page, what is true about Item 10458?

(A) Rental periods are on a monthly basis.
(B) It can make up to three servings at a time.
(C) Repairs can be covered by warranty.
(D) It belonged to a previous owner.

73. What can be concluded about Mr. Vazquez?

(A) He has added more items to Rentica.
(B) He has taken Ms. Flores's advice.
(C) He has partnered with a manufacturer.
(D) He has hired some service technicians.

74. Why did Ms. Silva decide to use Rentica?

(A) She wanted to test out an item before purchasing it.

(B) She was looking for the most affordable model available.

(C) She required an immediate replacement for a broken machine.

(D) She needed a kitchen appliance for short-term use only.

75. What information in the Web page did Ms. Silva fail to notice?

(A) The product status

(B) The warranty

(C) The purchasing option

(D) Rental plans

021 interested in doing（意向・質問）

　テキストメッセージの第1段落で、フローレスさんはバスケスさんのプレゼンに感謝を述べた後、XC Venture Capital is interested in becoming the lead investor in your business.（XCベンチャーキャピタルは、あなたの事業のリード投資家になることに興味があります）と今後について言及している。投資を検討しているということから、彼女の業種は(C)「金融会社」と推測することが妥当だ。

　(A)は「家電」、(D)は「レンタル業」という文書中のキーワードは含んでいるが、いずれもフローレンスさんの業種との関連を示す根拠がない。

133 warranty（特典・報酬）　165 include（特徴・利点）

　ウェブページによると、アイテム10458は「ブルーバード自動コーヒーメーカー」の商品番号だ。その商品の詳細を確認すると、Warranty: Included（保証：含まれる）とある。これを「修理は保証の対象となる場合がある」と言い換えた(C)が正解だ。

　同段落に $60 for two weeks（2週間60ドル）と記されているので、(A)「レンタル期間は月単位である」は適切ではない。また、up to（最高〜まで）を用いて、「一度に最大6カップのコーヒーを淹れることが可能」という表記があるので、(B)「一度に最大3杯まで作ることができる」も不適切。Product status: New（製品状態：新品）という情報から、(D)「以前の所有者のものであった」も正しくない。

051	however（問題・懸念）	048	concerned（問題・懸念）
027	直接疑問文（意向・質問）	185	available（特徴・利点）

　テキストメッセージの第2段落で、フローレスさんはHowever, I'm concerned that only offering monthly rental plans might not be sufficient for long-term profitability.（しかし、月額レンタルプランのみを提供することは、長期的な収益性にとって十分ではないのではないかと懸念しています）と懸念を示している。また、同文書第3段落では、Have you considered ways to encourage customers to opt for longer rental periods?（顧客により長いレンタル期間を選択するよう促す方法は検討しましたか）と、バスケスさんに改善策について検討するよう促している。

　次にウェブページを参照すると、2つのレンタルプランが記されている。月額レンタルはMonthly Subscription $30 per month, available for three to twelve months（月額サブスクリプション 月額30ドル、3〜12ヶ月まで利用可能）と、レンタル期間が3ヶ月以上から利用可能となっている。また、2週間から利用できるプランについては、Flexi Rental Plan $60 for two weeks, $15 per week afterwards（フレキシレンタルプラン 2週間60ドル、その後は週15ドル）ということで、月額プランよりもかなり割高な価格設定になっている。

　これらの情報から、レンティカ創業者であるバスケスさんは、「フローレスさんのアドバイスを受け入れた」と推測できるので、正解は（B）である。

065 look for（提案・申し出）

　シルヴァさんはレビューの投稿者だ。彼女はレビューの冒頭で、I had been looking for a way to try a Bluebird coffee maker before making a purchase and, after some online research, I discovered Rentica. (ブルーバードのコーヒーメーカーを購入する前に試す方法を探していて、ネットで調べた結果、レンティカを見つけました) と、レンティカを利用するに至ったきっかけについて記している。この記述に合致する (A)「購入する前に商品を試してみたかった」が、サービス利用を決めた理由として適切だ。

　結果的には短期間の利用で終わるわけだが、それは製品の買い直しを決断したからであって、最初から「短期間のみ使用するためのキッチン家電が必要だった」とは述べられていないので、(D) は適切ではない。

005 possible to do（目的・条件）
031 have to do（注意・義務）　148 definitely（強調・要点）

　レビューの第3段落に、As my rental period is nearing its end, I wish it were possible to keep the machine without having to return it. I will definitely buy the same model from an appliance store in town. (レンタル期間が終わりに近づいていて、この機械を返却せずに手元に置いておくことができたらいいのにと思います。絶対に同じモデルを町の家電販売店で購入します) とあり、シルヴァさんは、できることならレンタルしているコーヒーメーカーをそのまま使い続けたいと思っていることが読み取れる。

一方、ウェブページにはPurchasing option: Possible after rental（購入オプション：レンタル後の購入可能）とあり、レンタル期間終了後に製品を買い取ることができると明記されている。

　これらの記述の不一致から、シルヴァさんが気づけなかった情報は(C)「購入オプション」だと判断できる。

頻出重要語
23

□ **pitch** 名 売り込み、提案
□ **feasible** 形 実現可能な
□ **profitability** 名 収益性
□ **suspect**
　動 〜ではないかと思う
□ **brew**
　動（茶・コーヒーなど）を淹れる
□ **grind** 動 〜を挽く
□ **gradually** 副 徐々に
□ **accustomed to**
　〜に慣れている
□ **meet expectations**
　期待に応える
□ **near** 動 〜に近づく

□ **publishing company**
　出版社
□ **vehicle** 名 車両
□ **serving** 名 1人分
□ **belong to** 〜に属する
□ **manufacturer**
　名 製造業者
□ **technician** 名 技術者
□ **test out** 〜を試験する
□ **affordable**
　形 手頃な価格の
□ **replacement**
　名 代用品、交換
□ **fail to do** 〜し損なう

問題71～75は次のテキストメッセージ、ウェブページ、レビューに関するものです。

バスケスさん

先週はプレゼンテーションをしていただきありがとうございました。あなたの家電レンタル事業の構想はかなり実現可能だと感じています。XCベンチャーキャピタルは、あなたの事業のリード投資家になることに興味があります。

しかし、月額レンタルプランのみを提供することは、長期的な収益性にとって十分ではないのではないかと懸念しています。多くのユーザーが1ヶ月間レンタルしてそれで終わりになるのではないかと思います。

顧客により長いレンタル期間を選択するよう促す方法は検討しましたか。価格モデルの調整や最低レンタル期間の導入が効果的かもしれません。レンティカを現実のものに近づけることを楽しみにしています！

ニコール・フローレス

---

https://www.rentica.com/rental/10458

信頼できる家電レンタルサービス、レンティカへようこそ

商品10458
ブルーバード自動コーヒーメーカー BB-648［6カップモデル］

製品状態：新品
保証：含まれる
購入オプション：レンタル後の購入可能

レンタルプラン：
月額サブスクリプション 月額30ドル、3〜12ヶ月まで利用可能
フレキシレンタルプラン 2週間60ドル、その後は週15ドル

効率性と利便性を重視した設計で、一度に最大6カップのコーヒー
を淹れることが可能。家庭での使用と小規模オフィス環境の両方に
最適。

タイトル：ブルーバードコーヒーメーカー BB-648に満足
レビュー投稿者：マリー・シルヴァ

ブルーバードのコーヒーメーカーを購入する前に試す方法を探して
いて、ネットで調べた結果、レンティカを見つけました。当初はこ
のコーヒーメーカーを1ヶ月だけ借りる予定でしたが、3ヶ月間の
レンタルがほぼ同じコストであることに気づき、レンタル期間を延
長することが魅力的な選択になりました。

コーヒーメーカーを使い始めたとき、最初は豆を挽く際の音に驚
きました。しかし、徐々にその音には慣れていきました。全体とし
て、このコーヒーメーカーは私のほとんどの期待を満たしてくれま
した。これで淹れるコーヒーの品質は本当に素晴らしいです。

レンタル期間が終わりに近づいていて、この機械を返却せずに手元
に置いておくことができたらいいのにと思います。絶対に同じモデ
ルを町の家電販売店で購入します。

評価：4.5/5

71. フローレスさんはおそらくどのような業種で働いていますか。

    (A) 家電販売店
    (B) 出版社
    (C) 金融会社
    (D) 車両レンタル業

72. ウェブページによると、商品10458について示唆されていることは何ですか。

    (A) レンタル期間は月単位である。
    (B) 一度に最大3杯まで作ることができる。
    (C) 修理は保証の対象となる場合がある。
    (D) 以前の所有者のものであった。

73. バスケスさんについて何が推論できますか。

    (A) レンティカにさらに商品を追加した。
    (B) フローレスさんのアドバイスを受け入れた。
    (C) 製造業者と提携した。
    (D) 何人かの修理工を雇った。

74. シルヴァさんはなぜレンティカを利用することに決めましたか。

    (A) 購入する前に商品を試してみたかった。
    (B) 利用可能な中で最も手頃なモデルを探していた。
    (C) 壊れた機械の当面の代替品が必要だった。
    (D) 短期間のみ使用するためのキッチン家電が必要だった。

75. シルヴァさんが気づけなかったのはウェブページのどの情報ですか。

    (A) 製品状態
    (B) 保証
    (C) 購入オプション
    (D) レンタルプラン

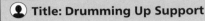

Title: Drumming Up Support   November 5

Hi, friends!

I've been nominated for induction into the prestigious Drumming Hall of Fame by *Rhythm World* magazine. If you have ever been inspired by my drumming or any of the drum products I have developed, I kindly ask you to cast your vote for me. To vote, simply head over to the Web page below. Thank you for considering my request.

https://s.surveytree.com/298573

Steve Fisk

Rhythm World—Drumming Hall of Fame Voting Form

Nominee's Name: Steve Fisk ▼

Voter's Name: Shanti Garcia

Why This Nominee Deserves the Award:

Steve's unique position as both a musician and an innovator in creating electronic drum products sets him apart as a deserving nominee for this award. Having worked alongside him, I witnessed firsthand how his contributions as product manager significantly propelled the success of the DD-10. Steve was greatly missed when he left the company to become a vice president at Kawano Corporation.

*While your voting will remain anonymous, your comments may be selected for publication in the January issue of *Rhythm World*.

☑ **I understand that my comments may be made public.**

SUBMIT

Congratulations to Steve Fisk
on His Hall of Fame Induction

Rhythm World Publishing is thrilled to announce the induction of Steve Fisk into the prestigious Drumming Hall of Fame. Steve Fisk, whose name is synonymous with innovation in electronic drumming, has most recently made headlines with his latest achievement. He led the development and launch of the M-45 electronic drum kit for the Chinese music giant, Dynamo Musical Instruments.

Fisk is perhaps most celebrated for his years at Wolfgang Inc., where he was instrumental in shaping the direction of the very first generation of electronic drums, the DD-10. Beyond his business accomplishments, Steve has been active as a musician, performing and recording with notable names such as Jack Burton and Mia Hernandez.

76. What is the purpose of the social media post?

    (A) To invite readers to participate in a poll

    (B) To compile a list of nominees for a prize

    (C) To encourage readers to purchase a magazine

    (D) To promote an upcoming awards ceremony

77. What is indicated about Ms. Garcia?

    (A) She directly reported to Steve Fisk.

    (B) She is a long-time subscriber of *Rhythm World*.

    (C) She has submitted multiple nominations.

    (D) She has approved publishing her comments.

78. What company does Ms. Garcia most likely work for?

    (A) Rhythm World Publishing

    (B) Wolfgang, Inc.

    (C) Kawano Corporation

    (D) Dynamo Musical Instruments

79. Who most likely is Mia Hernandez?

(A) A vice president
(B) A product manager
(C) A editor in chief
(D) A professional musician

80. What is suggested about Mr. Fisk?

(A) He no longer works as an executive at Kawano Corporation.
(B) He primarily focuses on electronic music compositions.
(C) He has pioneered new playing techniques in drumming.
(D) He manages production personnel at a manufacturing company.

007 if (目的・条件)　　　**018 ask (意向・質問)**

ソーシャルメディア投稿の冒頭で、投稿者であるスティーヴ・フィスクは、I've been nominated for induction into the prestigious Drumming Hall of Fame by *Rhythm World* magazine. If you have ever been inspired by my drumming or any of the drum products I have developed, I kindly ask you to cast your vote for me. (私はリズム・ワールド誌の権威あるドラムの殿堂にノミネートされました。もし私のドラム演奏や私が開発したドラム製品に心が動かされたことがあれば、どうか私に一票を投じてください) と、読み手に対して自分への投票を呼びかけている。よって、この投稿の目的としては、(A)「読み手に投票への参加を呼びかけること」が正解。

賞の候補者は、フィスクさんも含めてすでに選出済みであると推測できるので、(B)「賞の候補者リストを作成すること」は適切ではない。

051 while (問題・懸念)　　　**098 understand (近況・決定)**
193 make ~ public (特徴・利点)

ガルシアさんはフォームの記入者だ。フォーム下部には、While your voting will remain anonymous, your comments may be selected for publication in the January issue of *Rhythm World*. (投票は匿名ですが、コメントはリズム・ワールド1月号に掲載される可能性があります) という注意書きがある。それに続く文は、I understand that my comments may be made public. (私のコメントが公開される可能性があることを理解しました) という利用規約で、それにチェックマーク

が入っていることから、ガルシアさんはこの条件に合意した
と解することができる。よって、ガルシアさんは「自分のコ
メントの掲載を承認した」とする(D)が正解である。

78. 正解 (B)

| 099 | 現在完了・経験（過去・経験） | 168 | alongside（特徴・利点） |
| 186 | 関係詞（特徴・利点） | 118 | instrumental（感謝・関連） |

フォームの「この候補者が受賞に値する理由」の欄には、
Having worked alongside him, I witnessed firsthand how
his contributions as product manager significantly
propelled the success of the DD-10. (彼のそばで働いていた
私は、プロダクト・マネジャーとしての彼の貢献がDD-10の成功を
大きく後押ししたことを直接目の当たりにしました) と記されてい
る。つまり、記入者であるガルシアさんは、DD-10という製
品に携わっていた当時のフィスクさんの元同僚であることが
わかる。

次に、記事の第2段落を参照すると、Fisk is perhaps most
celebrated for his years at Wolfgang Inc., where he was
instrumental in shaping the direction of the very first
generation of electronic drums, the DD-10. (フィスクは、第
一世代の電子ドラムであるDD-10の方向性を形にするために重要な
役割を果たしたウォルフガング社在籍時代がおそらく最も称賛されて
います) とあり、DD-10がウォルフガング社の製品であること
がわかる。

これらの情報から、ガルシアさんが勤務していると考えら
れるのは、(B)「ウォルフガング社」である。

> **099** 現在完了・経験（過去・経験）　**189** 現在分詞（特徴・利点）
> **157** notable（特徴・利点）

　Mia Hernandez という人名は、記事の最後の文に登場する。そこには、Beyond his business accomplishments, Steve has been active as a musician, performing and recording with notable names such as Jack Burton and Mia Hernandez.（ビジネスの業績だけでなく、スティーヴはミュージシャンとしても活動しており、ジャック・バートンやミア・ヘルナンデスなどの著名人と共演し、レコーディングを行っています）と記されている。ヘルナンデスさんは、ミュージシャンとしても活躍するスティーヴの共演者であることから、彼女は(D)「プロのミュージシャン」であると推測することができる。

> **111** miss（感謝・関連）　　**091** recently（近況・決定）
> **087** latest（近況・決定）

　フォームの「この候補者が受賞に値する理由」には、Steve was greatly missed when he left the company to become a vice president at Kawano Corporation.（スティーヴが会社を離れ、カワノコーポレーションの担当役員になったとき、彼は大いに惜しまれました）と記されており、スティーヴ・フィスクがカワノコーポレーションに転職したことがわかる。

　一方、記事の第1段落には、Steve Fisk, whose name is synonymous with innovation in electronic drumming, has most recently made headlines with his latest achievement.（スティーヴ・フィスクは、電子ドラムの革新の代名詞であり、最近では彼の最新の功績で話題を集めました）とあり、彼の近況が

紹介されている。それに続く文は、He led the development and launch of the M-45 electronic drum kit for the Chinese music giant, Dynamo Musical Instruments. (中国の大手楽器メーカーであるダイナモ楽器のM-45電子ドラムキットの開発と発売を指揮したのです) と、フィスクさんが現在はダイナモ楽器に勤務していることを記している。

　これらの情報をかけ合わせると、フィスクさんは「もうカワノコーポレーションで役員として働いていない」と推測できるので、正解は(A)。フィスクさんは「電子ドラム」の開発は手がけているが、「主に電子音楽の作曲に専念している」とは述べられていないので、(B)は適切ではない。また、「ドラムの新しい演奏技術を開拓した」という記述はなく、(C)は不適切。メーカーには勤務しているが、「製造部員を管理している」という情報はないので、(D)も正しくない。

頻出重要語
24

- □ **nominate** 動 ～を指名する
- □ **prestigious** 形 名声のある
- □ **inspire** 動 ～を奮い立たせる
- □ **vote** 動 投票する
- □ **witness** 動 ～を目撃する
- □ **firsthand** 副 直接に
- □ **propel** 動 ～を推進する
- □ **vice president** 副社長、担当役員
- □ **issue** 名 (雑誌・新聞などの) 号
- □ **synonymous** 形 同義の、連想させる

- □ **make headlines** 大きく報じられる
- □ **musical instrument** 楽器
- □ **generation** 名 世代
- □ **accomplishment** 名 功績
- □ **poll** 名 投票
- □ **compile** 動 ～をまとめる
- □ **editor in chief** 編集長
- □ **composition** 名 作曲
- □ **pioneer** 動 ～を開拓する
- □ **personnel** 名 職員、人事

問題76〜80は次のソーシャルメディア投稿、フォーム、記事に関するものです。

タイトル：応援のお願い　　　　　　　　　11月5日

こんにちは、皆さん！

私はリズム・ワールド誌の権威あるドラムの殿堂にノミネートされました。もし私のドラム演奏や私が開発したドラム製品に心が動かされたことがあれば、どうか私に一票を投じてください。投票するには、以下のウェブページに進むだけです。私のお願いを考慮してくださり、ありがとうございます。

https://s.surveytree.com/298573

スティーヴ・フィスク

リズム・ワールド―ドラムの殿堂投票フォーム

候補者氏名：スティーヴ・フィスク

投票者氏名：シャンティ・ガルシア

この候補者が受賞に値する理由：
ミュージシャンであると同時に電子ドラム製品の革新者でもあるというスティーヴの独特な立場は、彼をこの賞の候補者として際立たせています。彼のそばで働いていた私は、プロダクト・マネジャーとしての彼の貢献が DD-10 の成功を大きく後押ししたことを直接目の当たりにしました。スティーヴが会社を離れ、カワノコーポレーションの担当役員になったとき、彼は大いに惜しまれました。

＊投票は匿名ですが、コメントはリズム・ワールド1月号に掲載される可能性があります。

☑ 私のコメントが公開される可能性があることを理解しました。

［送信］

スティーヴ・フィスクの殿堂入りを祝福

リズム・ワールド出版は、スティーヴ・フィスクの名誉あるドラムの殿堂入りを発表できることをうれしく思います。スティーヴ・フィスクは、電子ドラムの革新の代名詞であり、最近では彼の最新の功績で話題を集めました。中国の大手楽器メーカーであるダイナモ楽器のM-45電子ドラムキットの開発と発売を指揮したのです。

フィスクは、第一世代の電子ドラムであるDD-10の方向性を形にするために重要な役割を果たしたウォルフガング社在籍時代がおそらく最も称賛されています。ビジネスの業績だけでなく、スティーヴはミュージシャンとしても活動しており、ジャック・バートンやミア・ヘルナンデスなどの著名人と共演し、レコーディングを行っています。

76. ソーシャルメディア投稿の目的は何ですか。

(A) 読み手に投票への参加を呼びかけること
(B) 賞の候補者リストを作成すること
(C) 読者に雑誌の購入を促すこと
(D) 今後の授賞式を宣伝すること

77. ガルシアさんについて何が述べられていますか。

(A) スティーヴ・フィスクの直属の部下だった。
(B) リズム・ワールドの長年の購読者である。
(C) 複数の候補者を推薦した。
(D) 自分のコメントの掲載を承認した。

78. ガルシアさんはおそらくどの会社で働いていますか。

(A) リズム・ワールド出版
(B) ウォルフガング社
(C) カワノコーポレーション
(D) ダイナモ楽器

79. ミア・ヘルナンデスはおそらく誰ですか。

(A) 担当役員
(B) プロダクトマネージャー
(C) 編集長
(D) プロのミュージシャン

80. フィスクさんについて何が示唆されていますか。

(A) もうカワノコーポレーションで役員として働いていない。
(B) 主に電子音楽の作曲に専念している。
(C) ドラムの新しい演奏技術を開拓した。
(D) メーカーで製造部員を管理している。

INDEX

※数字は「正解のサイン」通し番号です。

著者紹介

テッド寺倉 (てっど・てらくら)

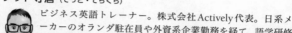
ビジネス英語トレーナー。株式会社Actively代表。日系メーカーのオランダ駐在員や外資系企業勤務を経て、語学研修の道へ。現在は企業研修講師としてTOEIC対策やビジネス英語、異文化コミュニケーションを指導。「TOEICの本質を理解してテスト対策をすれば、スコアと同時に使える英語スキルも獲得できる」というのが信条。『TOEIC® L&R テスト 至高の模試600問』『TOEIC L&R テスト Part3&4 鬼の変速リスニング』シリーズ（以上アルク）など共著。テスト研究のために受験し続けているTOEICは990点満点を60回以上取得。

TOEIC® L&R TEST 速読特急
正解のサイン

2024 年 6 月 30 日　第 1 刷発行
2024 年 7 月 30 日　第 3 刷発行

著　者	テッド寺倉
発行者	宇都宮 健太朗
装　丁	川原田 良一
本文デザイン	コントヨコ
イラスト	cawa-j ☆ かわじ
印刷所	大日本印刷株式会社
発行所	朝日新聞出版

〒 104 - 8011　東京都中央区築地 5 - 3 - 2
電話　03 - 5541 - 8814（編集）　03 - 5540 - 7793（販売）
© 2024 Ted Terakura
Published in Japan by Asahi Shimbun Publications Inc.
ISBN 978-4-02-332365-0